JN197439

食 介 護 実 践 論

食べる
ことへの
支援

住み慣れた地域で
自立した生活を送るために

田中弥生・手塚順子＝編著

実 践 情 報 編

第一出版

執筆者紹介

編著者

田中　弥生　　関東学院大学栄養学部管理栄養学科　教授

手塚　順子　　東京多摩調理製菓専門学校　講師

著　者（執筆順）

小城　明子　　東京医療保健大学 医療保健学部 医療栄養学科 教授

西村　一弘　　駒沢女子大学 人間健康学部 健康栄養学科 教授

奥田　奈賀子　人間総合科学大学 人間科学部 健康栄養学科 教授

佐藤　高雄　　医療法人社団永生会法人本部 栄養統括管理部 部長

宮司　智子　　医療法人新都市医療研究会「君津」会 南大和病院栄養部 科長 管理栄養士

内藤　有紀子　医療法人社団博慈会 青葉さわい病院 栄養科 管理栄養士

百木　和　　　帝塚山大学 現代生活学部 食物栄養学科 准教授

工藤　美香　　駒沢女子大学 人間健康学部 健康栄養学科 准教授

池田　優　　　いきいきクリニック 管理栄養士

増田　邦子　　特別養護老人ホームしゃんぐりら 栄養係長

田中　朱美　　介護老人福祉施設みやうち 施設サービス事業 主査 管理栄養士

下浦　佳之　　公益社団法人日本栄養士会 常務理事

表紙・本扉デザイン　　谷元　将泰

は じ め に

　現在のわが国は超高齢社会になった一方，人口は減少傾向に向かい，それに伴い15歳以上65歳未満の生産人口は減少し，今後の社会に与える影響は大きい。この人口減少社会において，ますますの少子高齢化，介護負担の増加が挙げられるなど，超高齢社会になった背景と差し迫った課題を「第1巻 基本情報編」で述べた。さらに，その課題の一つである，人として尊厳ある生涯を送るための「食べること」に焦点を当て，それぞれの品格を失わずにその時々を受け入れ人生を全うすべく「最期まで口から食べる」ことについて述べてきた。

　戦後，生活様式は大きく変わり，看護・介護する専門家が家族に加えて出入りする機会が増えたこと，生活の場も施設・病院・在宅など選択肢が増えている現状がある。

　人は，いつまでも元気に生活していきたいと望むが，ある日突然，転倒骨折・疾病などで障害を抱え，介護を必要とする事態になったとき，多くの人々が在宅などでその人らしく生きたいと願っている。それをかなえるべく，最期まで住みたい（生きたい）と思う環境で生活できることとして，病態と食事について参考になるよう，さらに病院・福祉施設・在宅介護などの質の向上と，食を通しての自立支援に役立つことを願い，この「第2巻 実践情報編」はまとめられている。

　身近な例として，

・栄養状態がよくても褥瘡は発症することを理解するために皮膚の状態を観察していくことで，褥瘡予防に役立つこと，

・心身の老化で食べ物が噛みづらい・飲み込みにくくなってきたときに，すぐムース状・ペースト状の食事にするのではなく，どのような食事が適しているのかを考えることで，生きる意欲にもつながること，

　これらを理解することで，介護者は，療養者に対する長い看護・介護だけではなく，支援できる喜びにつながり，被介護者のみならず介護者の人生が，豊かな経験とともに満ち足りることと思う。

　最後に，刊行に際し，事例を提供いただいた被介護者・介護者の皆様，各大学・医療現場・福祉施設・高齢者サービスに携わっている各専門職の先生方，管理栄養士の皆様にご協力いただいたことを，心より感謝申し上げる。さらに，介護を取り巻く環境の大きな変化の中，時間をかけ本書刊行に理解をいただいた第一出版の栗田茂社長，井上由香氏，その関係者の皆様に深く感謝申し上げる。

2019年5月

編者　手塚　順子

田中　弥生

1章

身体状況に応じた食支援と介護

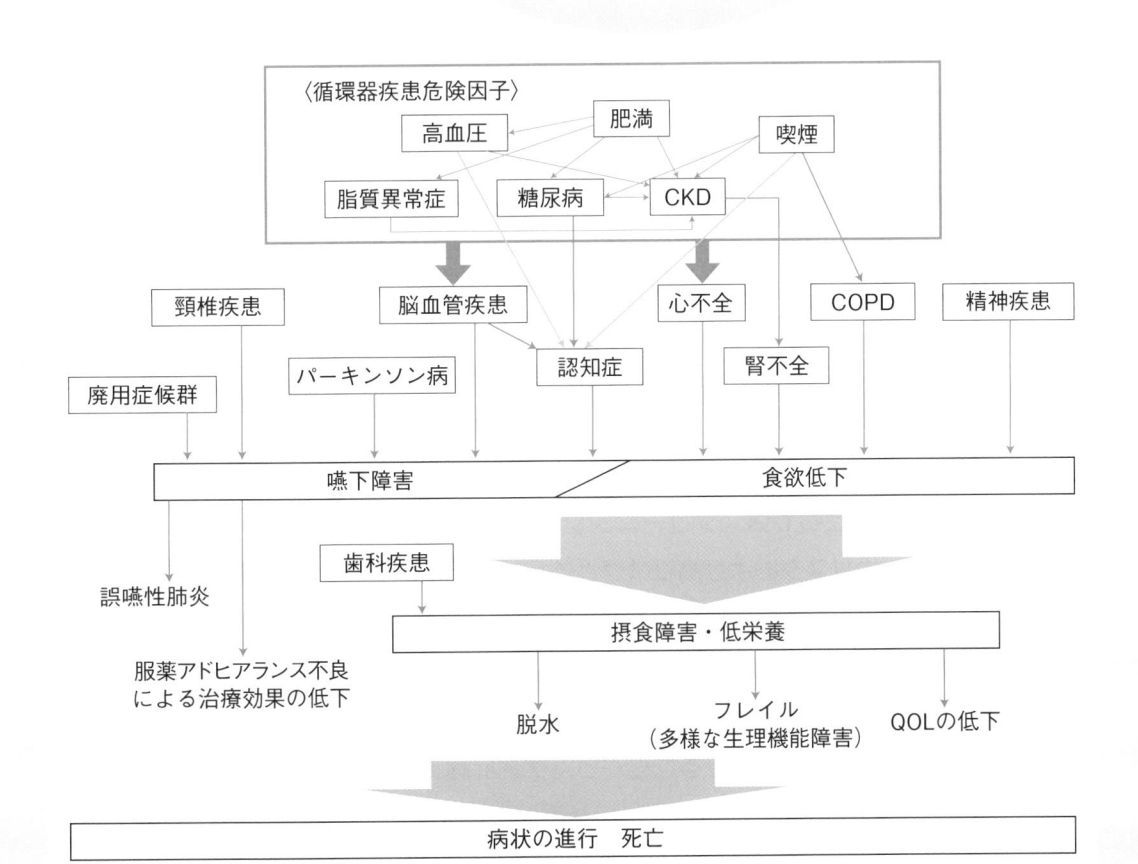

摂食・嚥下に関連する疾患とアウトカム

・摂食障害と嚥下障害の概念は異なっている

・嚥下障害と食欲低下には重なり合う部分がある

・すべての過程において，薬剤の副反応が関与する可能性がある

栄養ケア・マネジメントから栄養管理プロセスへ

これまで，わが国では適正な栄養管理を行うための包括的な栄養ケア・マネジメントの手法を行ってきた。これは，サービスを提供するための機能的連携であり，医療・介護にわたるサービス提供主体が適切かつ定期的に情報共有を図ることや，情報が一元化されることが目的である[1]。管理栄養士・栄養士は，栄養状態を評価，判定して栄養管理を行っているが，栄養状態の判定には統一性がなく，国際的にも混乱が生じていた。我々管理栄養士・栄養士の栄養改善および介護予防システムの構築も急がれており，医療・介護および保健の共通システムとして国際栄養士連盟を軸とした国際標準化である栄養管理プロセス（Nutrition Care Process，以下，NCP）があり，その活用に期待が寄せられている。本項では，栄養ケア・マネジメント（NCM）から栄養管理プロセスへの流れについて述べる（図1-1，図1-2）。

(1) 介護保険制度と栄養ケア・マネジメント

介護老人福祉施設などの介護保険施設では，2005年に栄養ケア・マネジメント（Nutrition Care and Management，以下，NCM）の積極的な取り組みを図ることを目的とした栄養マネジメント加算が設立された。この加算は，高齢者における低栄養状態の改善を目的とした栄養ケア・マネジメントが介護報酬として評価され，管理栄養士による栄養ケア計画が作成され，さらに栄養改善サービスを行った場合に算定される。2006年には，介護予防の観点から要支援者に対する介護予防サービスや要介護者に対する通所系および居宅療養管理指導の訪問系サービスとして，低栄養状態の改善を目的としたNCMが制度化され，現在ではその手法に基づき管理栄養士が実務を遂行している[2]（図1-1）。

このNCMの手順としてはスクリーニングを行い，低栄養状態のリスクレベルを把握する。低リスク，中リスクおよび高リスクと判定し，中・高リスクでは客観的な栄養評価に移行して食事提供のための必要事項や改善すべき栄養上の問題を総合的に評価し，栄養補給法，栄養教育，多領域による栄養管理に基づいた計画を作成し実践している。特に，要支援・要介護者は，家族などの介護者の意向，解決すべき課題，目標などを記入し，多職種の協力を得て早急に解決できることから，ケア計画を立て実践し，モニタリングを行いながら再評価・計画を立てている。

(2) 栄養管理プロセス

現在，このNCMの概念から先に述べた国際基準に標準化したNCPを取り入れ，従来のNCMに標準化されたNCPを活用しながらマネジメントする方向性が示された[3]（図1-2）。

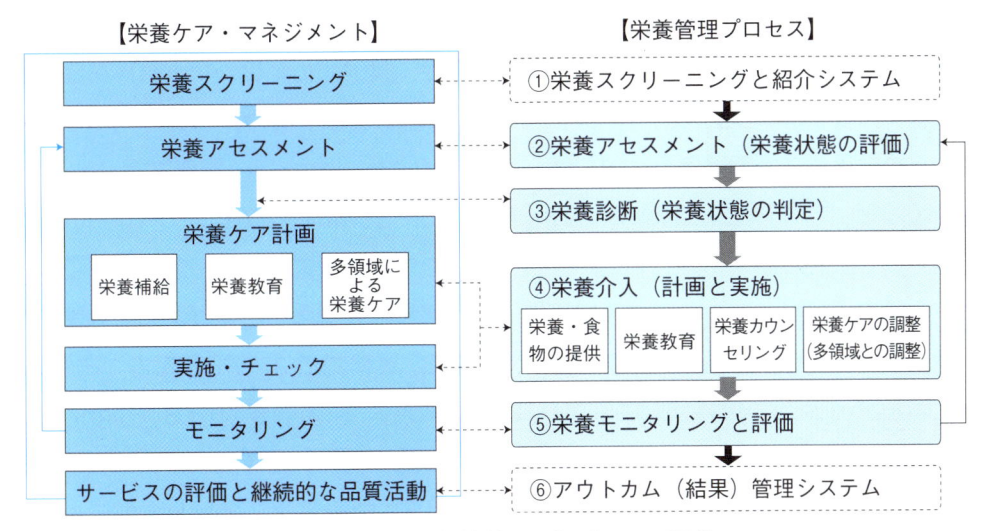

図1-1　栄養ケア・マネジメントと栄養管理プロセスの区分

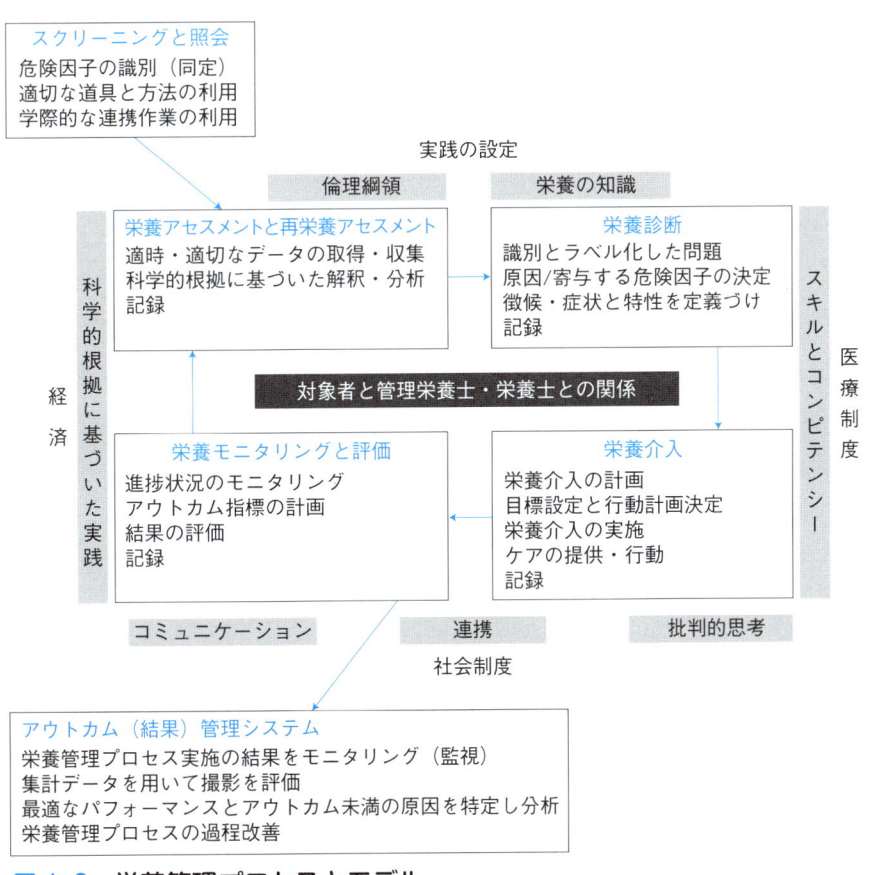

図1-2　栄養管理プロセスとモデル

資料）日本栄養士会監訳：国際標準化のための栄養ケアプロセス用語マニュアル，第一出版，2012

介護保険制度でのNCMとNCPの大きな違いは，NCMではアセスメントの実施からケア計画に進むが，NCPでは栄養診断（判断・判定：Nutrition Diagnosis）を確定してから栄養介入を計画，実施し，PDCAサイクルを回すことであり，根拠を用いて栄養介入するための重要な判定である。摂取量（NI：Nutrition Intake），臨床栄養（NC：Nutrition Clinical），行動と生活環境（NB：Nutrition Behavioral/environmental）の3つに区分して栄養診断（判断・判定）を行うが，わが国では国際的統一用語だけではなく，医療・介護の情報提供とともに共通用語を使い，整合性を考える必要がある。介護福祉施設で活用できる栄養診断（判断・判定）について，具体的には「PES報告：P（Nutrition Care Process：栄養状態の判定），E（Etiology：原因や要因），S（Sign/Symptoms：栄養診断を決定すべき栄養アセスメント上のデータ）」と呼ばれる文章表現を活用し，要約した簡潔な短文で記載する。基本例は，「S：栄養アセスメント上のデータの根拠に基づき，Eの要因が原因や関係したPと栄養診断できる」としてPES報告書を作成する。この報告は，ケア計画を立てる理由づけとして必要であり，多職種など誰が見ても一目で重点項目がはっきりとし，理解しやすい。

（3）介護福祉施設における栄養マネジメント加算（栄養ケア・マネジメント）へのNCP導入

介護保険法の栄養マネジメント加算に伴い，介護福祉施設での栄養ケア・マネジメントが進み，90%以上で加算算定されている。施設の栄養スクリーニングは，基本的な入所利用者情報としてケアマネジャーや相談員の有無，看護師，社会福祉士などとの関わり，介護度，身体状況，移動，食事（量・嚥下状態），排泄，入浴，整容，更衣，寝具などADL（p.34参照），認知度，入所の経緯や入所前の生活背景，家族（介護者）状況，病歴，使用薬剤および検査データなどの利用者情報が重要である。NCPの栄養評価データは，FH（8項目）：食物・栄養関連の履歴，AD：身体計測，BD（2項目）：生化学データ，医学検査の手順，PD：栄養に焦点を当てた身体所見，CH（3項目）：既往歴の5つで構成されている。BDは，病院とは違いデータ不足が考えられるが，ADLなどは，「FH食物・栄養に関連した履歴」の中で「FH-7身体活動と機能」などで評価する。それぞれの項目をNCM上の評価用語を利用し，標準的な言語を用いて誰でもわかる栄養評価とすることが大切である（表1-1）。

NCMの栄養評価では，評価後栄養管理計画を立案するように進められている。NCPの場合には，70個の標準的な栄養診断（判定）コードを確定，PES報告で記録し，その判定により栄養管理計画を立案することが簡潔で理解しやすい。

栄養介入時には，栄養診断（判断・判定）とその病因に基づいて実際に行われる具体的な活動で，栄養管理計画から実施までを含む。療養者のニーズに合わせた適切な栄養介入の計画・実施により，「ND食物・栄養提供」，「E栄養教育」，「C栄養カウンセリング」，「RC栄養ケアの調整」の4つの項目に構成されており，この項目に合わせて計画を立てる。

表 1-1　栄養診断の項目

● NI（Nutrition Intake：摂取量）

「経口摂取や栄養補給法を通して摂取するエネルギー・栄養素・液体・生物活性物質に関わる事柄」と定義される

NI-1	エネルギー出納	「実測または推定エネルギー出納」の変動と定義される。
		NI-1.1	エネルギー消費の亢進
		NI-1.2	エネルギー摂取量不足
		NI-1.3	エネルギー摂取量過剰
		NI-1.4	エネルギー摂取量不足の発現予測
		NI-1.5	エネルギー摂取量過剰の発現予測

NI-2	経口・経静脈栄養素補給	「患者・クライエントの摂取目標量と比較した実測または推定経口・非経口栄養素補給量」と定義される
		NI-2.1	経口摂取量不足
		NI-2.2	経口摂取量過剰
		NI-2.3	経腸栄養投与量不足
		NI-2.4	経腸栄養投与量過剰
		NI-2.5	最適でない経腸栄養法
		NI-2.6	静脈栄養量不足
		NI-2.7	静脈栄養量過剰
		NI-2.8	最適でない静脈栄養
		NI-2.9	限られた食物摂取

NI-3	水分摂取	「患者・クライエントの摂取目標量と比較した，実測または推定水分摂取量」と定義される
		NI-3.1	水分摂取量不足
		NI-3.2	水分摂取量過剰

NI-4	生物活性物質	「単一または複数の機能的食物成分，含有物，栄養補助食品，アルコールを含む生物活性物質の実測または推定摂取量」と定義される
		NI-4.1	生物活性物質摂取量不足
		NI-4.2	生物活性物質摂取量過剰
		NI-4.3	アルコール摂取量過剰

NI-5　栄養素「適切量と比較した，ある栄養素群または単一栄養素の実測または推定摂取量」と定義される

NI-5	栄養素			
	NI-5.1	栄養素必要量の増大		
	NI-5.2	栄養失調		
	NI-5.3	たんぱく質・エネルギー摂取量不足		
	NI-5.4	栄養素必要量の減少		
	NI-5.5	栄養素摂取のインバランス		
	NI-5.6	脂質とコレステロール	NI-5.6.1	脂質摂取量不足
			NI-5.6.2	脂質摂取量過剰
			NI-5.6.3	脂質の不適切な摂取
	NI-5.7	たんぱく質	NI-5.7.1	たんぱく質摂取量不足
			NI-5.7.2	たんぱく質摂取量過剰
			NI-5.7.3	たんぱく質やアミノ酸の不適切な摂取
	NI-5.8	炭水化物と食物繊維	NI-5.8.1	炭水化物摂取量不足
			NI-5.8.2	炭水化物摂取量過剰
			NI-5.8.3	炭水化物の不適切な摂取
			NI-5.8.4	不規則な炭水化物摂取
			NI-5.8.5	食物繊維摂取量不足
			NI-5.8.6	食物繊維摂取量過剰
	NI-5.9	ビタミン	NI-5.9.1	ビタミン摂取量不足 (1)ビタミン A，(2)ビタミン C，(3)ビタミン D，(4)ビタミン E，(5)ビタミン K，(6)チアミン（ビタミン B_1），(7)リボフラビン（ビタミン B_2），(8)ナイアシン，(9)葉酸，(10)ビタミン B_6，(11)ビタミン B_{12}，(12)パントテン酸，(13)ビオチン，(14)その他
			NI-5.9.2	ビタミン摂取量過剰 (1)ビタミン A，(2)ビタミン C，(3)ビタミン D，(4)ビタミン E，(5)ビタミン K，(6)チアミン（ビタミン B_1），(7)リボフラビン（ビタミン B_2），(8)ナイアシン，(9)葉酸，(10)ビタミン B_6，(11)ビタミン B_{12}，(12)パントテン酸，(13)ビオチン，(14)その他
	NI-5.10	ミネラル	NI-5.10.1	ミネラル摂取量不足 (1)カルシウム，(2)クロール，(3)鉄，(4)マグネシウム，(5)カリウム，(6)リン，(7)ナトリウム（食塩），(8)亜鉛，(9)硫酸塩，(10)フッ化物，(11)銅，(12)ヨウ素，(13)セレン，(14)マンガン，(15)クロム，(16)モリブデン，(17)ホウ素，(18)コバルト，(19)その他
			NI-5.10.2	ミネラル摂取量過剰 (1)カルシウム，(2)クロール，(3)鉄，(4)マグネシウム，(5)カリウム，(6)リン，(7)ナトリウム（食塩），(8)亜鉛，(9)硫酸塩，(10)フッ化物，(11)銅，(12)ヨウ素，(13)セレン，(14)マンガン，(15)クロム，(16)モリブデン，(17)ホウ素，(18)コバルト，(19)その他
	NI-5.11	すべての栄養素	NI-5.11.1	最適量に満たない栄養素摂取量の予測
			NI-5.11.2	栄養素摂取量過剰の予測

● NC（Nutrition Clinical：臨床栄養）

				「医学的または身体的状況に関連する栄養の所見・問題」と定義される		
NC	臨床栄養	NC-1	機能的項目	「栄養要求を阻害・妨害したりする身体的または機械的機能の変化」と定義される		
				NC-1.1	嚥下障害	
				NC-1.2	噛み砕き・咀嚼障害	
				NC-1.3	授乳困難	
				NC-1.4	胃腸（GI）機能異常	
		NC-2	生化学的項目	「治療薬や外科療法による栄養素の代謝速度の変化あるいは検査値の変化で示されること」と定義される		
				NC-2.1	栄養素代謝異常	
				NC-2.2	栄養関連の臨床検査値異常	
				NC-2.3	食物・薬剤の相互作用	
				NC-2.4	食物・薬剤の相互作用の予測	
		NC-3	体重	「通常または理想体重と比較した，長期間にわたる体重あるいは体重変化」と定義される		
				NC-3.1	低体重	
				NC-3.2	意図しない体重減少	
				NC-3.3	体重過多・病的肥満	
				NC-3.4	意図しない体重増加	

● NB（Nutrition Behavioral/environmental：行動と生活環境）

				「知識，態度，信念，物理的環境，食物の入手や食の安全に関連して認識される栄養所見・問題」と定義される		
NB	行動と生活環境	NB-1	知識と信念	「関連して観察・記録された実際の知識と信念」と定義される		
				NB-1.1	食物・栄養に関連した知識不足	
				NB-1.2	食物・栄養に関連した話題に対する誤った信念や態度	
				NB-1.3	食生活・ライフスタイルの変更への心構え不足	
				NB-1.4	セルフモニタリングの欠如	
				NB-1.5	不規則な食事パターン	
				NB-1.6	栄養に関連した提言に対する遵守の限界	
				NB-1.7	不適切な食物選択	
		NB-2	身体の活動と機能	「報告・観察・記録された身体活動・セルフケア・食生活の質などの実際の問題点」と定義される		
				NB-2.1	身体活動不足	
				NB-2.2	身体活動過多	
				NB-2.3	セルフケアの管理不能や熱意の不足	
				NB-2.4	食物や食事を準備する能力の欠如	
				NB-2.5	栄養不良における生活の質（QOL）	
				NB-2.6	自発的摂取困難	
		NB-3	食の安全と入手	「食の安全や食物・水と栄養関連用品入手の現実問題」と定義される		
				NB-3.1	安全でない食物の摂取	
				NB-3.2	食物や水の供給の制約	
				NB-3.3	栄養関連用品の入手困難	

資料）公益社団法人日本栄養士会監修：栄養管理プロセス，第一出版，2018

● 文献 ───────────────

1）内閣府：平成 27 年版 高齢社会白書，2015　http://www8.cao.go.jp/kourei/whitepaper/w-2015/html/zenbun/index.html 2015/11/23（2018 年 4 月 2 日現在）

2）杉山みち子：改正介護保険制度と栄養ケア・マネジメントに関する研究. 栄養学雑誌 **65**：55-66, 2007

3）公益社団法人日本栄養士会監訳：国際標準化のための栄養ケアプロセス用語マニュアル，第一出版，2012

4）公益社団法人日本栄養士会監修：栄養管理プロセス，第一出版，2018

1 消化器・呼吸器系の疾患と障害

1 摂食嚥下障害

（1）栄養アセスメント（栄養状態の評価）

　摂食嚥下機能の問題点の抽出や，栄養収支，身体計測値から栄養障害を推測するために，各種情報を収集する。

1）嚥下機能

　摂食嚥下障害患者の栄養アセスメントにおいて，嚥下機能の把握は必須事項となる。嚥下機能のアセスメントは，一般には日常および食事中の観察所見，口腔診査，スクリーニングテスト，摂食時の評価〔嚥下内視鏡検査（VE；videoendoscopic examination of swallowing）や嚥下造影検査（VF；videofluoroscopic examination of swallowing）〕により行われる。多職種の関わりが必要なため，施設によりすべてを実施することができない場合もあるが，可能な範囲で情報を収集する。その際，最新の情報を得ることを心がける。

　情報収集と同様に，多職種により得られた情報を統合し，その後の介入を検討する。管理栄養士も，各検査結果や所見から摂食嚥下障害のタイプや程度を把握できる力が求められる。特に，摂食嚥下障害のタイプ，すなわち摂食嚥下の5期のどこが障害されているのかの理解は重要である。

　①日常および食事中の観察所見　食べ物を見て口に取り込み，咀嚼し，飲み込み，胃まで送る一連の運動を，摂食嚥下運動という。この運動は，分断して行うのは困難であるが，機能理解のために便宜的に先行期，準備期，口腔期，咽頭期，食道期の5期に分けられる（図1-3）。摂食嚥下の5期のいずれかあるいは複数の期において，障害がみられる状態が摂食嚥下障害である。摂食嚥下障害が生じると，食べ方に様々な変化が認められる。

　・先行期　食べ物を口に取り入れるまでの段階を先行期という。食べ物を認知し，食べる判断をする段階と，食べ方を判断して口に運ぶまでの大きく2段階に分けられる。始めの食べ物の認知は，摂食行動を誘発し，以降の摂食嚥下運動を進めるために大変重要な鍵となることから，認知期ともいわれる。認知とは，ある対象を知覚し，それを経験や知識・記憶などに基づいて解釈することである。したがって，食べ物を認知するためには，まず脳への食べ物に関する情報伝達，すなわち五感（視・聴・触・味・嗅覚）入力が必要となる。そしてそれを解釈するために，記憶力，理解力，判断力が必要となる。

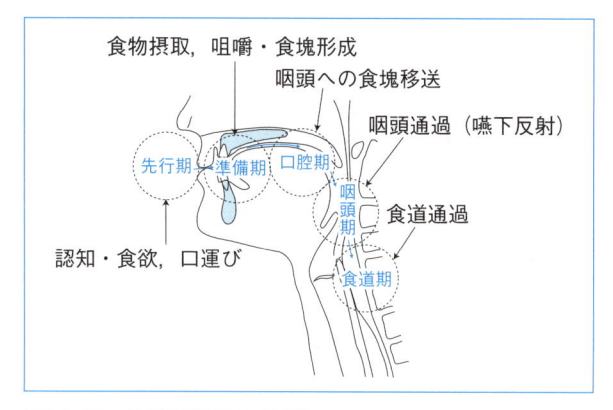

図1-3　摂食嚥下の5期

表1-2　先行期の障害を疑う食事中の観察所見

①口を開けない，吐き出すなどの摂食拒否
②片側半分の食べ物を残す（空間認知障害）
③摂食行為の開始困難，中断（覚醒・注意機能の低下）
④食具を使えない（失行）
⑤口運びができない（姿勢保持や上肢運動制御の困難）
⑥丸呑み，詰め込み食べ
⑦口の中のものを噛まない，飲み込まない

　食べ物を認知し食べると判断した後も，経験や知識・記憶などから，食べるために適切な食具の選択や体勢など，食べ方を判断している。そして，口に食べ物を運ぶ過程では，体幹の重心移動や姿勢保持，食べ物を手や食具に取るための上肢・手指の動き，口まで食べ物を運ぶための口の位置に合わせた上肢の動きなど，様々な協調運動が行われる。これらの運動を遂行できる運動能力が必要となる。

　この先行期に障害が生じると，表1-2のような観察所見が得られる。

・準備期　食べ物を口腔内に取り入れ，食べ物を飲み込める状態，すなわち食塊にする段階を準備期という。食具などで一口量に調整された食べ物はそのまま，それ以上の量・大きさのものは前歯で噛み切り，調整しながら口腔内に取り込む。その後，口唇を閉じ，臼歯部で噛み砕いたりすりつぶしたりしつつ，唾液と混和し，食塊を形成する。この過程を咀嚼という。そのため，準備期を咀嚼期ともいう。

　咀嚼運動において，食べ物の口腔内の移動や唾液との混和は，舌の動きによる。また，歯による噛み切りや噛み砕き，すりつぶしは，下顎の動きによる。さらに，連続的な咀嚼運動を効率的に行うためには，これらの歯，下顎，舌の動きだけでなく，口唇や頬を含めた口腔周囲筋の協調性が求められる。食塊形成に十分な唾液分泌も必要である。

　なお，すべての食べ物について，このような連続的な咀嚼運動により食塊が形成されるとは限らない。例えば，液状のものはそのまま飲み込めるため，口腔内に取り込んだ後は，

すぐに次のステップである口腔期へ進む。また，ゼリーのようにスプーンなどで押して簡単に崩せるような軟らかさのものは，そのまま飲み込むことはできないものの，舌と口蓋で押しつぶすことで飲み込める状態となるため，咀嚼は必要ない。咀嚼の必要性の有無については，口腔内の圧受容器による情報で判断している。

　準備期が障害されると，表1-3のような所見がみられる。

・**口腔期**　食塊を口腔から咽頭へ送り込む段階を口腔期という。舌縁をややもち上げて舌背に食塊をまとめた後，舌尖を硬口蓋の前方（/t/音を構音する位置）に押しつけ，徐々に後方（軟口蓋側）へ舌と口蓋の接触面積を増やし，食塊を咽頭へ押し進める（図1-4）。このとき，舌だけでなく下顎も挙上し，口唇も強く閉鎖している。残りが少ないチューブから内容物を絞り出すイメージである。送り込む効率は，いかに舌を口蓋にしっかりと押しつけ，口腔内の空間を少なくできるかで決まる。したがって，歯の存在や舌の可動域と筋力が求められる。効率が悪くなると，送り込みに時間がかかったり，確実に送り込めず舌の上などに食べ物が残ったりする。なお，準備期と口腔期は，日常の食事においてはほぼ同時進行で行われ，口腔内で咀嚼しながら，先に食塊となったものを咽頭に送り込んでいる。

・**咽頭期**　食塊が咽頭を通過し，食道へ向かう。これを誘導する運動を嚥下という。嚥下は，咽頭に送り込まれた食塊による圧感覚などにより引き起こされる反射運動である。喉頭蓋の後傾，食道入口部（にゅうこう）の開大，咽頭内圧の上昇がタイミングよく進むことで，食塊が嚥下される（図1-5）。嚥下後は，喉頭蓋は元の位置に戻り，披裂部（ひれつ）やそれぞれ閉鎖されて

表1-3　準備期の障害を疑う食事中の観察所見

①口腔内に食べ物を取り込めない，こぼれる（開口・閉口障害）
②取り込んだ食べ物や液体，唾液を口からこぼす（口唇閉鎖障害）
③いつまでも噛んでいる
④軟らかいもの，水気の多いものばかりを好む
⑤噛むときに顎が上下には動くが，食物をすりつぶすような左右への動きがみられない
⑥頬と歯の間や舌の下に食べ物が溜まる

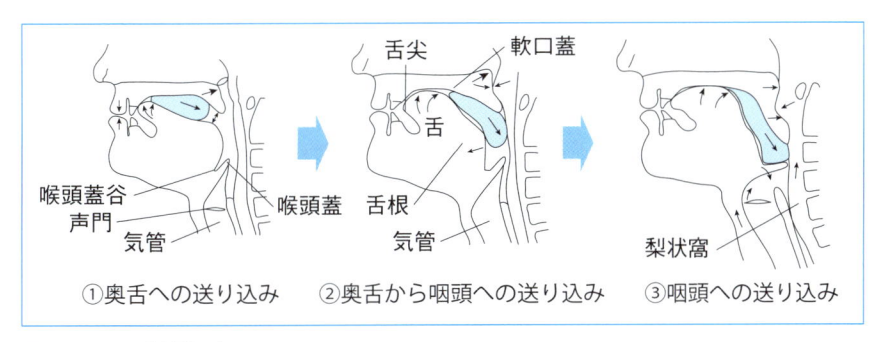

①奥舌への送り込み　　②奥舌から咽頭への送り込み　　③咽頭への送り込み

図1-4　口腔期

いた鼻腔・口腔・咽頭間は速やかに開かれる。嚥下が正常に行われるためには，圧受容に対し嚥下反射を誘発したり上部食道括約筋を弛緩させたりする神経・筋機構，舌骨や喉頭の挙上に関わる筋肉の力，咽頭内圧を産生する筋肉の量や力が求められる。

　また，呼吸との協調も重要である（図1-6）。嚥下反射の際，呼吸は一時的に停止をしており，そのため声門下の呼気圧が上昇している。この呼気は嚥下が終了し，気道が再開すると同時に，勢いよく排出される。この呼気は，咽頭に残留した食塊などを気管から離れたところに吹き飛ばす役割もある。

　咽頭期が障害されると，誤嚥を生じる。誤嚥とは，食べ物や唾液が声門より下に侵入することである。健常者においても，適切な食べ方の予測を誤ったり嚥下のタイミングがずれたりすることによる誤嚥がしばしば認められる。摂食嚥下障害においては，主に表1-4に示した原因により誤嚥を生じやすい。誤嚥した場合は，異物の侵入を感知し，咯出のた

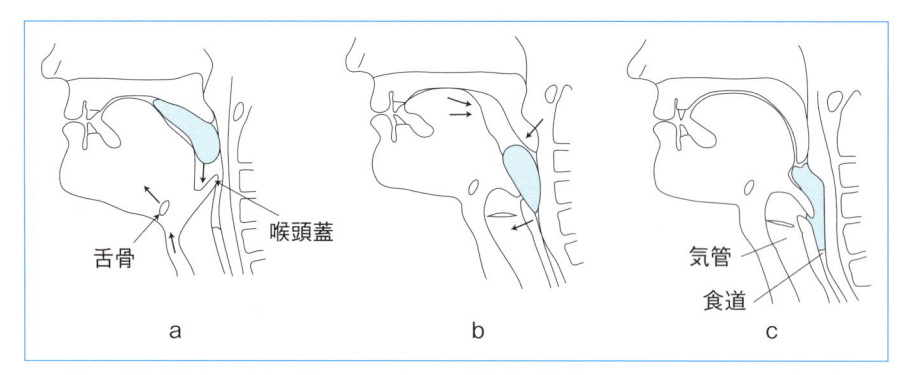

a. 舌骨や喉頭が前方に大きく挙上することで，喉頭蓋が後傾する。これにより，気管に蓋をした状態となる。このとき披裂部も閉鎖しており，気管は二重に防御される。

b，c. 食道入口部の輪状咽頭筋（上部食道括約筋）が弛緩し，先の喉頭の前方挙上に引っ張られるように食道入口部が開く。舌根（咽頭前壁）が後方に，咽頭後壁が前方に移動することで，咽頭内圧（嚥下圧）を高め，食塊が一気に咽頭を通過し食道へ入る。

図1-5　咽頭期

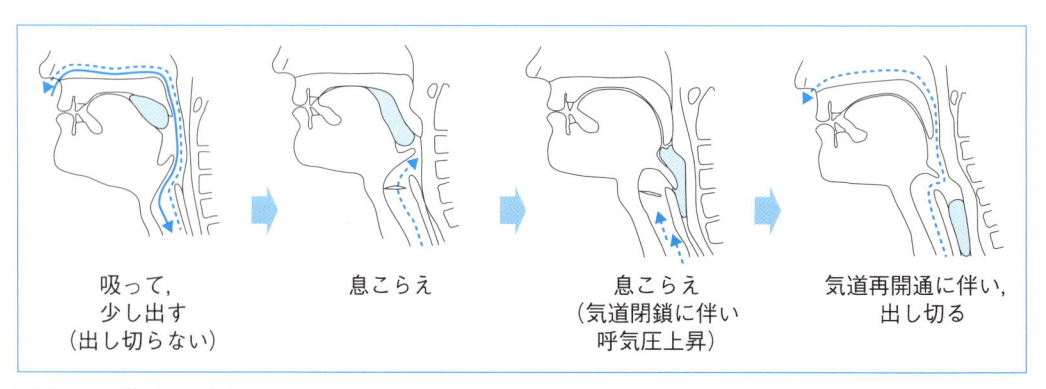

吸って，少し出す（出し切らない） → 息こらえ → 息こらえ（気道閉鎖に伴い呼気圧上昇） → 気道再開通に伴い，出し切る

図1-6　嚥下と呼吸

表1-4 誤嚥の主な原因

嚥下前誤嚥	嚥下反射が起こる前に，気道に食塊が入る 〈主な原因〉嚥下反射の遅れ，舌骨・喉頭挙上の遅れ
嚥下中誤嚥	嚥下反射時，喉頭閉鎖のタイミングがずれて液体などが気道に入る 〈主な原因〉麻痺，器質的異常
嚥下後誤嚥	咽頭部の残留物が，嚥下後に気道に入る 〈主な原因〉口腔期の障害による口腔内残留，咽頭期の障害による 咽頭残留，食道期の障害による食道内残留

めに激しいむせや咳き込みが生じる。喀出する力が十分にないと，誤嚥したものが肺に入り込み，誤嚥性肺炎の原因となりうる。誤嚥は有無だけでなく，誤嚥の頻度とその程度，喀出の可否で評価する。また，誤嚥しても，異物の感知ができずむせや咳き込みが生じない症例もある。これを不顕性誤嚥といい，誤嚥なしとの鑑別が必要となる。

・**食道期**　食塊が食道を通過して胃に運ばれる段階である。この食塊の移動は，不随意な食道の蠕動運動による。一度胃に入ったものは，下部食道括約筋の存在などにより，逆流が防御される。これらの運動は，蠕動運動を司る神経・筋機構と食道の筋肉の量や力により成り立つ。

　括約筋の閉鎖・弛緩不全や食道の器質的狭窄，蠕動運動障害により，食道期が障害されると，食道残留や胃食道逆流がみられる。

②**口腔診査**　準備期，口腔期，咽頭期に影響を及ぼすことから，歯科医師や歯科衛生士などにより，口腔診査が行われる。一般に，口腔内の状態として，歯数，咬合，義歯の使用とその適合，口腔内の衛生状態が評価される。また，摂食嚥下機能の評価として，開口量，口角下垂，「あー」発声時の軟口蓋運動，咬合力，舌運動なども確認される。

・**歯数・咬合・義歯の使用とその適合**　歯数は多ければよいというわけではない。準備期における咀嚼は咬合支持数，すなわち上下の歯の咬み合わせが必要となる。切歯・犬歯部は噛み切り，臼歯部は食塊形成に必要である。そのほか，口腔期における咽頭への送り込みには，舌を口蓋に密着させるために，臼歯の存在が重要となる。義歯でも代用は可能だが，外れる，咀嚼時に浮くなど義歯が適合していない場合には，十分な代わりとはならない。

・**衛生状態**　食べカスや歯垢，歯石の有無で評価される。口腔機能が低下すると悪化しやすく，誤嚥性肺炎のリスク要因となる。

・**開口量・口角下垂**　どのくらい口を開けられるかは，一般に，開口時に，示指（人差し指），中指，薬指を3本付けた状態で縦方向に入るかどうかで評価する。示指のみあるいはそれ以下の開口量であれば，取り込む食べ物やスプーンなどの食具の大きさを小さいものにする必要がある。口角下垂は，口を閉じた状態で左右の口角の高さを評価する。どちらか一方が下がっている状態が口角下垂であり，口唇閉鎖ができない場合がある。すなわ

ち，口をしっかりと閉じる必要がある準備期から咽頭期に影響を来す。特に準備期には，食べ物が口からこぼれ出るため，流動性の高い食品の摂取が困難となる。

・**「あー」発声時の軟口蓋の挙上**　軟口蓋が挙上するか，左右の偏りがないかをみる。挙上が不良の場合は，嚥下時の飲み込む力が弱くなる。

・**咬合力**　上下の歯を咬み合わせたときの力で，咀嚼できる食べ物の硬さの把握につながる。一般には，常食を噛めるかなど，聞き取りで判断することが多い。

・**舌運動**　舌の左右，前後方向への動きをみる。左右方向は準備期，前後方向は口腔期の障害につながる。舌をできる限り前に出した状態で，左右の偏位がないかも確認する。舌の動きが悪い場合は，まとまりやすく，口の中に残りにくいよう食品の調整が求められる。

　舌や口唇の動きの異常は，構音障害により把握することができる。構音障害とは，口や舌といった発声発語器官をうまく動かすことができず，正しく発音できない状況である。/p/は口唇閉鎖，/t/は舌尖の硬口蓋前方への接触，/k/は奥舌の軟口蓋への接触による発音であり，これらの動きは，摂食嚥下運動に必須であることから，「パタカ」の発音を確認し，舌や口唇の動きを評価するとよい（図1-7）。

③**スクリーニングテスト**　標準化されたスクリーニング手法として，反復唾液嚥下テスト（RSST；repetitive saliva swallowing test），改訂水飲みテスト（MWST；modified water swallowing test），食物テスト（FT；food test）がある。反復唾液嚥下テストは，誤嚥のスクリーニングとして最も簡便な方法である。30秒間に可能な空嚥下の回数から判定する（図1-8）。改訂水飲みテストは，少量の冷水を嚥下させ，嚥下後の状態から咽頭期障害を評価する方法である（図1-9）。これと同様の手法で，プリンや粥を嚥下させ評価するものが食物テストである。咽頭期障害のほか，口腔における食塊形成能や咽頭への送り込みを評価することができる（図1-10）。

④**VF，VE**　スクリーニングにより，摂食嚥下障害のリスクがあると判定されたら，VFやVEにより精査を行う。これらの検査では，摂食時の障害を的確に評価すると同時に，その後の支援・介護に必要な情報として，機能に対し安全に，そして確実にかつ現実

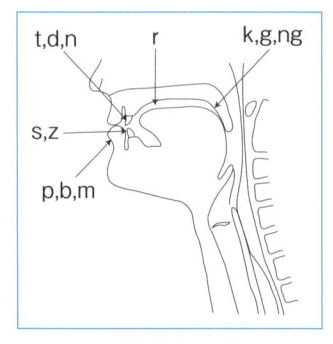

図1-7　構音点一覧

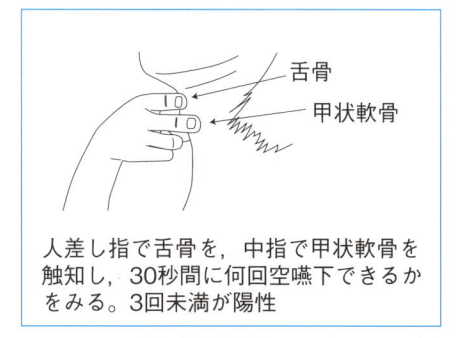

人差し指で舌骨を，中指で甲状軟骨を触知し，30秒間に何回空嚥下できるかをみる。3回未満が陽性

図1-8　反復唾液嚥下テスト（RSST）

手技
①冷水 3mL を口腔底に注ぎ，嚥下を指示する
②嚥下後，反復嚥下を 2 回行わせる
③評価基準が 4 点以上なら最大 2 施行繰り返す
④最低点を評点とする

評点
1　嚥下なし，むせる and/or 呼吸切迫
2　嚥下あり，呼吸切迫（不顕性誤嚥の疑い）
3　嚥下あり，呼吸良好，むせる and/or 湿性嗄声
4　嚥下あり，呼吸良好，むせない
5　4 に加え，反復嚥下が 30 秒以内に 2 回以上可能
判定　3 以下が陽性

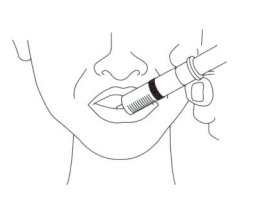

図 1-9　改訂水飲みテスト（MWST）

手技
①プリンまたは粥を約 4g（茶さじ 1 杯），舌背前部に置き，嚥下を指示する
②嚥下後，反復嚥下を 2 回行わせる
③評価基準が 4 点以上なら最大 2 施行繰り返す
④最低点を評点とする

評価基準
1　嚥下なし，むせる and/or 呼吸切迫
2　嚥下あり，呼吸切迫（不顕性誤嚥の疑い）
3　嚥下あり，呼吸良好，むせる and/or 湿性嗄声，口腔内残留中等度
4　嚥下あり，呼吸良好，むせない，口腔内残留ほぼなし
5　4 に加え，反復嚥下が 30 秒以内に 2 回以上可能

判定　3 以下が陽性

図 1-10　食物テスト（FT）

的に摂取可能な食形態や摂取方法を確認することも重要な目的となる。したがって，検査に使用する食べ物や飲み物の形態・性状は，検査後の食事や飲み物を想定したものを準備する必要がある。主に言語聴覚士や歯科医師など，多職種協働により検査および評価を行うが，管理栄養士はこれらの検査において，食べ物がどのように嚥下されていくのか，どのようなものが食べづらいか，食べやすいかなどを視覚的に見ることができる。それにより，障害の理解と合わせ，どのように食事の形態・性状を調整すればよいかの理解につながる。結果を詳細に読み取ることができなくても，その理解を深めるために，機会があれば動画像を観ることを勧める。

2）基本情報：基礎疾患，関連する既往歴など

　摂食嚥下障害の原因となりうる疾患は様々であり，機能的，器質的，神経心理的障害に分けられる（表 1-5）。予後予測および介入目標の設定のため，基礎疾患は確認しておく。わが国では，脳血管障害による機能的障害が大半を占める。

表 1-5　嚥下障害を起こす疾患

1	機能的障害	・脳疾患：脳卒中，脳腫瘍など ・神経変性疾患：ALS[*1]，パーキンソン病[*2]，多系統萎縮症[*3] など ・末梢神経障害：ギランバレー症候群[*4]，反回神経麻痺[*5] など ・筋疾患：重症筋無力症[*6]，多発筋炎[*7]，筋ジストロフィー[*8] など ・廃用症候群 ・薬剤の副作用
2	器質的障害	・嚥下関連器官の腫瘍，炎症 ・嚥下関連器官の外傷，手術後 ・食道憩室[*9]・狭窄
3	神経心理的障害	・認知症，高次脳機能障害，感情失禁 ・うつ，拒食 ・てんかん性障害

[*1] 筋萎縮性側索硬化症。神経の働きが悪くなり，手足，喉，舌や，呼吸に関わる筋肉などがやせて力が弱くなる病気。[*2] 脳内の神経細胞の一種が減少し，手のふるえなどが起こる病気。[*3] 中枢神経の色々なところが変性する病気。筋肉がこわばり，話したり，歩いたりすることが困難になるなどの症状がみられる。[*4] 運動や感覚に関わる神経などの働きが悪くなる病気。[*5] 声帯を動かす神経が麻痺した状態。[*6] 神経と筋肉のつながりが壊れる病気。[*7] 身体を動かす筋肉が傷つく病気。[*8] 筋肉が変性したり壊死したりする病気。[*9] 食道の壁が外側に膨らんだ状態。

資料）依田光正／橋詰直孝・丸山仁司監修：リハビリテーション　基礎からナビゲーション，p.100，第一出版，2017

表 1-6　加齢に伴う摂食嚥下機能低下の要因

①塩味，苦味の閾値上昇
②歯の欠損による咀嚼能力の低下
③唾液腺の萎縮
④嚥下反射の惹起性の低下
⑤安静時の喉頭の低位化
⑥嚥下 - 呼吸協調性の低下
⑦咳嗽反射の低下

　また，高齢者には摂食嚥下障害患者が多い。加齢に伴う生理的変化（表 1-6）は，摂食嚥下機能を低下させる要因となっており，その機能低下の状態は老嚥といわれる。しかしながら，老嚥は摂食嚥下障害の域には達していない。高齢者に障害患者が多くみられる原因として，加齢変化に加え有病率が高く，それにより薬剤使用機会が多いことが指摘されている。また，近年では，加齢変化に低栄養や侵襲，廃用といったサルコペニアを亢進させる要因が加わると，摂食嚥下障害を来すことが報告されている[1]。

　基礎疾患のほかに，誤嚥性肺炎の既往や，窒息の履歴も確認したい。誤嚥性肺炎は，誤嚥により細菌が唾液や胃液とともに肺に流れ込み，肺の中で細菌が増殖して引き起こされる肺炎をいう。経口摂取をしていなくても，誤嚥性肺炎となりうることに留意が必要である。診断は，肺雑音，CRP や白血球数の増加などの炎症反応，胸部レントゲン写真にお

ける肺炎像により行われる。一般には発熱や咳，痰などの症状を伴うが，高齢者においては顕著な症状を伴わず，元気がない，失禁するようになったなど，日常生活における変化により発見されることもある。発症後，抗菌治療を行うが，治癒するまでは経口摂取を一時中断する必要があるため，摂食嚥下機能のさらなる低下を招き，悪循環に陥りやすい。そのため，誤嚥性肺炎は，再発症例が多い。

　窒息は，嚥下時に気道閉塞を生じたものである。多くは，咀嚼を十分にせずに，丸呑みしたり，詰め込み食べをしたりする食べ方に原因がある。すなわち，先行期や準備期の障害によるものが多く，窒息を繰り返し起こす症例も多い。原因となる食べ物は，餅やパン，米飯・粥など主食の食品が多い。パンや米飯は，咀嚼時や嚥下時の圧縮により粘膜付着性の強い塊となり，飲み込みづらい状態となる。そのようなものが一度詰まったら，取り出しづらく，窒息の原因となりやすい。そのほか，菓子類や果実類の窒息も多いことが報告されている。食事場面以外での履歴も含め確認する。

3）食物・栄養関連の履歴

　摂食嚥下障害においては，食事摂取への影響がみられ，摂取量不足を生じやすい。患者本人が，具体的に食事摂取への影響を訴えることがある。摂取量と併せて，食事の性状・形態についても確認しておきたい。

　また，薬剤の副作用としての嚥下障害もあるため，服用している薬は確認が必要となる（表1-7）。薬剤による嚥下障害への影響は様々であるが，大別すると，意識・注意レベルの低下，口腔内乾燥，運動機能低下・錐体外路症状，自律神経系の障害，粘膜障害などがある[2]。

4）生化学的データ

　摂食嚥下障害により食事摂取に影響が及び，摂取量が減少する。その結果として，低栄養や脱水などのリスクが高まる。血液検査値があれば，それらを確認する。また，誤嚥性

表1-7　薬剤性嚥下障害

①意識レベルや注意力を低下させる作用
　　抗不安薬，催眠薬，抗うつ薬，抗精神病薬，抗てんかん薬，抗ヒスタミン薬，筋弛緩薬
②唾液分泌低下
　　抗コリン薬，三環系抗うつ薬，化学療法薬，利尿薬
③運動機能低下・錐体外路症状
　　抗不安薬，抗うつ薬，抗精神病薬，消化性潰瘍治療薬，制吐剤，筋弛緩薬，ステロイド
④自律神経障害
　　抗コリン薬
⑤粘膜障害
　　化学療法薬，非ステロイド系抗炎症薬，抗菌薬

肺炎を疑う場合，CRP 値（炎症・感染の指標）も確認したい。

5）身体所見

　低栄養や脱水を示す一般的な身体所見，身体計測値は確認したい。また，座位耐久性や頸部可動域といった姿勢保持に関連する情報や，意識，意思表示，従命などの認知レベルも確認する。頸部の可動域に制限があると，摂食時の姿勢保持や，嚥下時の呼吸コントロールに影響を与える。特に，後屈したままあるいは過度に前屈したままの状態は，嚥下運動を阻害する。

　意識レベルも摂食嚥下に影響を及ぼす。急性期における意識障害の評価には，グラスゴー・コーマ・スケール（GCS；Glasgow coma scale）やジャパン・コーマ・スケール（JCS；Japan Coma Scale）がよく用いられる。JCS においては，Ⅱ群（2 桁）では誤嚥リスクが上昇し，Ⅲ群（3 桁）では経口摂取が不可能となる。

　関連する機能として，呼吸機能も確認したい。呼吸数が多い場合には呼吸状態が悪いことが考えられる。また，随意的な咳ができないと，誤嚥物や気管の入り口付近に残留した食べ物などを喀出することができず，誤嚥性肺炎を生じるリスクが高くなる。唾液や食べ物の誤嚥の徴候として，湿性嗄声（湿ったゴロゴロした声）も確認する。この際，確認されたら，咳払いを指示し，澄んだ声になるかどうかも確認する。

(2) 栄養診断（栄養状態の判定）

　摂食嚥下障害患者の栄養診断に関わる主な用語は表 1-8 のとおりである[3]。摂食嚥下障害により摂取量不足あるいは限られた食物の摂取となり，低栄養や脱水，低体重あるいは体重低下のリスクが高くなる。対応として，嚥下調整食など適切な食物選択が必須となるが，適切な食物選択や適切な食形態・性状の調整は，患者や家族にとってはむずかしいことが多い。また，全身状態として，自力摂取が困難であることも多い。

(3) 栄養介入（計画と実施）

　摂食嚥下障害に対する栄養支援には，医学的安定や栄養補給のみならず，生活の質（QOL：quality of life）の維持・向上も求められ，患者の有する摂食嚥下機能を最大限に活かしつつ摂取可能な嚥下調整食の選択が重要となる。

1）栄養介入

①**摂食リハビリテーションにおける食事療法の位置づけ**　摂食嚥下障害の治療の目的は，誤嚥や窒息のリスクを減らし，栄養状態を維持し，医学的に安定した状態を保つことにある。まずは原因となる疾患の治療を優先し，摂食嚥下障害に対して介助などの支援や摂食リハビリテーション（以下，摂食リハ）を行う。その際，原疾患の治療薬が，摂食嚥下機

表1-8　摂食嚥下障害患者における栄養診断の主な用語

NI 摂取量
NI-1	エネルギー出納	NI-1.2	エネルギー摂取量不足
NI-2	経口・経静脈栄養素補給	NI-2.1	経口摂取量不足
		NI-2.9	限られた食物摂取
NI-3	水分摂取	NI-3.1	水分摂取量不足
NI-5	栄養素	NI-5.3	たんぱく質・エネルギー摂取量不足

NC 臨床栄養
NC-1	機能的項目	NC-1.1	嚥下障害
		NC-1.2	噛み砕き・咀嚼障害
NC-3	体重	NC-3.1	低体重
		NC-3.2	意図しない体重減少

NB 行動と生活環境
NB-1	知識と信念	NB-1.1	食物・栄養に関連した知識不足
NB-2	身体の活動と機能	NB-2.4	食物や食事を準備する能力の障害
		NB-2.6	自発的摂取困難
NB-3	食の安全と入手	NB-3.3	栄養関連用品の入手困難

資料）日本栄養士会監修：栄養管理プロセス，第一出版，2018

表1-9　先行期（認知期）障害への対応

①食事に集中できる環境整備
　　静かで落ち着いた環境に整える
　　覚醒が継続する時間帯を選択する
②認知機能に合わせた工夫
　　食材料・料理がわかりやすい食事にする
　　（ミキサーにかけた流動状の食事よりも，料理をイメージして成形した食事）
　　食器の位置を変える
　　嗜好に合わせる
③口に運ぶ支援
　　安定した座位が取れるよう，椅子やヘッドレストなどを工夫する
　　適切な食器・自助具などを用意する
　　状態に応じて食事介助する

能に影響を及ぼすこともあるため，薬剤の種類や量，服用のタイミングなどの変更も考慮する。

　先行期障害に対しては支援が主となる。集中できる食環境の整備，食べ物の認知や食欲への配慮，全身機能に応じた口運びへの支援が必要となる（表1-9）。

　一方，準備期・口腔期・咽頭期障害に対しては摂食リハが主となる。摂食リハは，障害に伴う摂食能力の低下を改善し，機能に適応した食事摂取を獲得するためのプロセスであり，多職種によるアプローチとなる。手法として，大きく間接訓練と直接訓練に分けられる（図1-11）[4]。

　間接訓練とは，舌・口唇・軟口蓋など摂食嚥下に関わる筋肉を再教育したり，嚥下反射

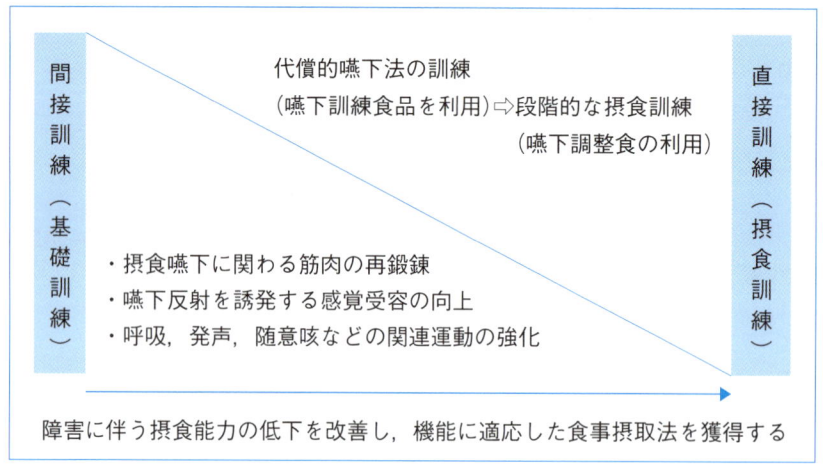

図 1-11　摂食リハビリテーションの流れ

を誘発する感覚受容を高めたり，呼吸や発声，随意咳など関連運動を強化したりする目的で行われる。食べ物や飲み物を使わずに行うもので，摂食リハの基本となる。目的に応じ様々な訓練法が提案されているが，それらを少しずつ組み込んで一連のものとした嚥下体操は，食事前の準備体操としても取り入れやすく，対象にかかわらず勧められる。

　一方，直接訓練は，食べ物や飲み物を用い，実際に飲み込む練習を行うものである。そのうち，飲み物などそのまま飲み込めるものを用い，症例に適切な姿勢，一口量，飲み方で飲み込む練習を行うのが代償的嚥下法訓練である。栄養補給を目的とした食事の摂取が困難な症例に対し行われる。症例を問わず勧められるのは，反復嚥下や意識嚥下などである。反復嚥下とは，複数回嚥下ともいい，一口につき複数回嚥下をすることで咽頭残留を除去し，嚥下後誤嚥を防止する嚥下法である。また，意識嚥下は，単に意識的に嚥下を行うことで，各運動の協調を維持し，誤嚥や咽頭残留を減らす嚥下法である。

　誤嚥のリスクがある症例に対して行うことから，一般には，お茶や水にとろみをつけて口腔から咽頭流入速度を遅くすることが多いが，口腔期の障害により咽頭への送り込みがスムーズに行えない症例に対し，ゼリー化したものを用いることもある。どのような性状の食品を用いるかは，VF や VE の結果により判断する。このように訓練に用いる食品を嚥下訓練食品という。誤嚥した場合の肺炎リスクを回避するため，栄養素（特にたんぱく質）量が少ないことが求められる。したがって，通常の栄養摂取を目的とした食品とは異なる。とろみづけについては後述する（p.22）。

　食事療法と関連がある直接訓練は，段階的摂食訓練である。これは，飲み込みが安全・確実に行え，栄養補給を目的とした食事の摂取が可能な患者に対して，個々の患者が有する摂食嚥下機能を活かして摂取できる食形態の食事を摂取することで，摂食能力の維持あるいは改善を図る目的で行われる。どのような形態・性状の食事が適切かどうかについて

も，VF や VE の結果により判断する。なお，患者の摂食機能・能力に対し，形態や性状を調整した食事のことを，嚥下調整食という。大きく 4 タイプに分けられるが，いずれも誤嚥や窒息への配慮は必要である。症例が有する摂食機能・能力と摂取する食事の形態・性状とのマッチングは，非常に重要であり，症例の予後が大きく左右されることに留意されたい。嚥下調整食については次項で述べる。

原疾患の治療やリハビリの効果，あるいは原疾患の進展などにより摂食嚥下機能・能力は変化することが多い。介入に当たっては，食事場面の観察によりその変化を捉え，適宜再評価を行い，介入方法を見直すことが重要である。

②嚥下調整食—日本摂食嚥下リハビリテーション学会の嚥下調整食分類 2013—　嚥下調整食の食形態・性状の特徴およびそれらの摂取に必要な能力は，日本摂食嚥下リハビリテーション学会の嚥下調整食分類 2013（以下，学会分類 2013）にまとめられている[5]。患者への食事提供や食事指導のために，十分に理解しておくことが求められる。

嚥下調整食は，学会分類 2013 のコード 1j，2（2-1 および 2-2），3，4 に該当する（表 1-10）。それぞれ，特徴は言葉で説明されているに留まり，形態・性状の確認は主観的となるが，摂取に必要な能力を十分に理解し，それを模擬した食べ方で試食するなどして確認ができるようにする。その際は，少量に取った一口量での試食ではなく，患者の一口量に合わせ，できれば 1 食分の試食が望ましい。

残存機能に応じて求められる程度は異なるが，嚥下調整食に共通的な特徴は，適度なかたさ，まとまり，低付着性である。かたさは，咀嚼や舌での押しつぶしなどの処理に要する力と関係する。まとまりは，口の中で咀嚼あるいは舌での押しつぶしなどの処理をした際にまとまりを保つことを指している。咀嚼をしたら食片が口の中でばらばらになり，まとまらないものは避けたい。水分と固形物が混合した食べ物も同様に考える。例えば，高野豆腐の煮物や柑橘類の果肉のように，咀嚼をしたら水分が分離するものは，まとまりがないことと同じであり，避けたいものである。刻んだ食材にあんをかけたものや，具入りのとろみを付けた汁物も，口中の唾液と混じって食材とあんや汁が分離するようなものであれば，適切ではない。口中の物理的な処理，唾液との混和の後の物性であることに気をつけたい。低付着性は，口腔・咽頭粘膜への付着性が低いことである。付着性が低いと，口腔・咽頭においてスムーズに食塊が移動するため，加える圧力が小さくてすむ。ただし，この付着性についても，先のまとまりと同様，食品だけでなく口中で処理されて食塊となったものにおいても，この性質が求められる。

なお，コード 4 として易消化食を当てている施設がしばしばみられる。類似している点は多いが，誤嚥や窒息への配慮が不十分なものも多いため注意が必要である。また，刻み食については，常食を刻んだだけのものは嚥下調整食には該当しない。コード 3 あるいは 4 に該当するものを刻み，それらにあんやソースなどでまとまりを付加することで嚥下調整食となる。ただし，見た目が悪くなりやすいため，留意が必要である。あんなど

表1-10　嚥下調整食の種類と特徴，必要な能力
〔日本摂食嚥下リハビリテーション学会嚥下調整食分類2013（食事）を基に作成〕

コード・名称	特　徴	必要な能力
コード1j 嚥下調整食1j	〈主食の例：重湯ゼリー，ミキサー粥のゼリー〉 ①均質 ②粘膜への貼り付き・残留感がない（低付着性） ③少量すくっても形状を保つまとまり（凝集性） ④丸呑みできる軟らかさ ⑤体温下（口腔内）での離水がほとんどない	若干の食塊保持能力が必要 送り込む際に多少意識して口蓋に舌を押しつける必要がある
コード2 嚥下調整食2	〈主食の例：粒がなく，付着性の低いペースト状の重湯や粥（コード2-1）/やや不均質（粒がある）でも軟らかく，離水もなく付着性も低い粥類（コード2-2）〉 ①なめらか（流動性） ②スプーンですくって"食べる"ことができるまとまり（凝集性） ③粘膜への貼り付き・残留感が少ない（低付着性） ④均質なもの（コード2-1）/軟らかい粒などを含む不均質なもの（コード2-2）	口腔内に保持したり，食塊状にまとめたり，それを送り込んだりと，舌や口唇・頬など口腔周囲の動きが必要
コード3 嚥下調整食3	〈主食の例：離水に配慮した粥〉 ①舌で口蓋に押しつけてつぶせる軟らかさ（形がある，丸呑みはできない） ②体温下（口腔内）および押しつぶしによる離水が少ない ③つぶした後ばらばらにならず，食塊としてまとめやすい ④食塊の粘膜への貼り付き感・残留感が少ない	舌とで口蓋で押しつぶし，食塊としてまとめ，送り込む必要がある
コード4 嚥下調整食4	〈主食の例：軟飯・全粥〉 ①箸やスプーンで容易に切れる軟らかさ（舌と口蓋間で押しつぶすことは困難） ②体温下（口腔内）および粉砕・すりつぶし・押しつぶしによる離水が少ない ③粉砕・すりつぶし・押しつぶし後，ばらばらにならず，食塊としてまとめやすい ④食塊の粘膜への貼り付き感・残留感が少ない	咀嚼様運動による粉砕・すりつぶし・押しつぶしが必要

資料）日本摂食・嚥下リハビリテーション学会医療検討委員会：日本摂食・嚥下リハビリテーション学会嚥下調整食分類2013．日摂食嚥下リハ会誌 **17**：255-267，2013

　のとろみの程度は，後述する水分のとろみの程度を参考にする。

　学会分類2013は，食形態の分類であり，食種の分類ではない。一般にコード番号が大きい嚥下調整食の摂取が可能な患者は，それよりも番号が小さいコードの摂取は可能であることが多い。嚥下調整食であっても食事であることを念頭に，許容範囲で，1食の中に複数のコードあるいは同じコードの中でも前後のコード寄りのものを組み合わせ，食感の変化による食事の楽しみを加えてほしい。これは，食形態の段階的な変更をスムーズにすることにも役立つ（図1-12）。

・ユニバーサルデザインフードと嚥下食ピラミッド　ユニバーサルデザインフード（以下，

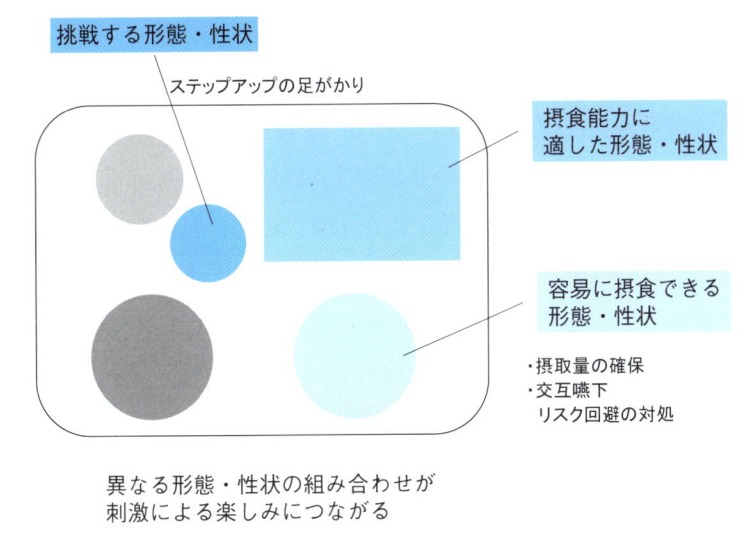

図1-12　**食形態の組み合わせ**

UDF）は，食品業界団体による自主規格である。給食施設用・家庭用の調理加工食品のうち，主に咀嚼困難者用の規格となっている。検証試験はなく，適合品にマークが付けられる。一方，嚥下食ピラミッドは，急性期病院の主に口腔期・咽頭期障害の患者向けに開発された治療食から発展したものである。各レベルの物性値が公表されており，それらを基にレベル別に該当する市販介護食品を掲載した資料やレシピ集などが出されている。これら2つの分類は，学会分類2013以前より広く知られた規格であり，在宅療養者が購入できる商品とその区分・レベルがわかることから，退院時などの食事指導においてよく利用される。

・**スマイルケア食**　スマイルケア食は，農林水産省が整えた分類である。高齢者に限らず，噛む・飲み込むことに問題がある，あるいは栄養状態が悪い，あるいはそれらに移行する恐れがある方を対象とした，新しい介護食という位置づけのものである。摂食機能や栄養に関し問題がある方向けに，広く利用されるよう普及を進めており，在宅で食べる食品を想定している[6]。

　スマイルケア食は，大きく3種に分けられ，青マーク，黄マーク，赤マークで区分している。それぞれのマーク利用許諾ルールに適合し，マーク利用申請の手続きを踏むことで，これらのマークを商品に付けることができる。各マークの利用許諾企業・商品は，農林水産省のホームページ上で公表されている。

　青マークは，栄養補給を必要とする方向けの食品で，エネルギーやたんぱく質量の基準がある（**表1-11**）[6]。

　黄マークは，噛むことに問題がある方向けの食品である。通常の食品に比して咀嚼に要する負担が小さい性状，硬さ，その他の品質を備えた加工食品としており，JAS規格「そしゃく配慮食品」の該当品にマークが利用できる。黄2から黄5まであり，数字が小

さいほうがより噛む負担が小さくなっている（**表1-12**）[6]。

　赤マークは，飲み込むことに問題がある方向けの食品である。消費者庁が管轄する特別用途食品の嚥下困難者用食品（表示では"えん下困難者用食品"）の許可食品にマークが利用でき，許可基準Ⅰが赤0，許可基準Ⅱが赤1，許可基準Ⅲが赤2に対応する[6]。数字が小さいほうが，より容易に飲み込めることを示す。なお，特別用途食品は，規格基準として，特徴および物性値（硬さ，付着性，凝集性）が定められている（**表1-13**）[6]。赤0はその物性を達成するために，一般に栄養密度が低く，食事としての栄養量は期待できない。

　これらの分類の対応一覧を，**表1-14**に示す[6]。

③**とろみ**　嚥下前誤嚥の予防を目的に，汁物や飲料にはとろみを付けることを勧める場合が多い。とろみの必要性やその程度は，患者により異なるため，評価結果に基づき判断する。とろみが付くと，送り込み，飲み込みの力はより必要となる。そのため，症例によっては，とろみが強すぎることが嚥下後誤嚥の原因となることもあり，留意したい。とろみ付けには，市販のとろみ調整食品が用いられることが多いが，商品により添加量や経時変化，温度変化など，特徴が異なる。また，牛乳や濃厚流動食などたんぱく質を多く含む飲料や，酸味の強い飲料などとろみが付きにくいものもある[7]。使用に当たっては，特徴をよく把握し，各使用方法を遵守することを心がけたい。

表1-11　スマイルケア食　青マークの栄養基準

エネルギー	100kcal以上/100g or 100mL
たんぱく質	8.1g以上/100g または 4.1g以上/100mL or 100kcal

資料）農林水産省食品産業局食品製造課：スマイルケア食の
取り組みについて　http://www.maff.go.jp/j/shokusan
/seizo/kaigo.html（2019年1月現在）

表1-12　スマイルケア食　黄マークの規格と食品例

黄2	噛まなくてよい食品	噛まずに飲み込める程度のもの	粒のあるペースト食
黄3	舌でつぶせる食品	舌と口蓋の間で押しつぶせる程度のもの	絹ごし豆腐
黄4	歯ぐきでつぶせる食品	容易に噛める食品と，舌でつぶせる食品の中間程度のもの	木綿豆腐
黄5	容易に噛める食品	容易に噛み切り，噛み砕きまたはすりつぶせる程度のもので，適度な噛み応えを有するもの	焼き豆腐

資料）農林水産省食品産業局食品製造課：スマイルケア食の取り組みについて
http://www.maff.go.jp/j/shokusan/seizo/kaigo.html（2019年1月現在）

表 1-13　スマイルケア食　赤マーク対応の特別用途食品 "えん下困難者用食品" の規格

スマイルケア食	赤 0	赤 1	赤 2
えん下困難者用食品	許可基準 I	許可基準 II	許可基準 III
特徴	均質なもの（ゼリー状など）	均質なもの（ゼリー状・ムース状など）	不均質なものも含む
硬さ（10^3 N/m²）	2.5〜10	1〜15	0.3〜20
付着性（10^3 J/m³）	0.4 以下	1 以下	1.5 以下
凝集性	0.2〜0.6	0.2〜0.9	—

〈硬さ，付着性および凝集性の試験方法〉

①試料を直径 40mm，高さ 20mm（試料がこぼれる可能性がない場合は，高さ 15mm でも可）の容器に高さ 15mm に充填し，直線運動により物質の圧縮応力を測定することが可能な装置を用いて，直径 20mm，高さ 8mm 樹脂性のプランジャーを用い，圧縮速度 10mm/秒，クリアランス 5mm で 2 回圧縮測定する。測定は，冷たくして食するまたは常温で食する食品は 10±2℃ および 20±2℃，温かくして食する食品は 20±2℃ および 45±2℃ で行う（方法①）。

②許可基準 I に該当する食品かつ冷たくして食するまたは常温で食する食品について，直径 40mm に満たない場合は，以下に条件を変更して試験を行うことができる。試料を直径 30mm，高さ 15mm（試料がこぼれる可能性がない場合に限る）の容器に高さ 15mm に充填し，直線運動により物質の圧縮応力を測定することが可能な装置を用いて，直径 16mm，高さ 25mm の樹脂性のプランジャーを用い，圧縮速度 10mm/秒，クリアランス 5mm で 2 回圧縮測定する。測定は，10±2℃ および 20±2℃ で行う（方法②）。

得られた測定値に，硬さは 1.1，付着性は 0.7，凝集性は 1.2 を乗じる。

資料）農林水産省食品産業局食品製造課：スマイルケア食の取り組みについて
　　　http://www.maff.go.jp/j/shokusan/seizo/kaigo.html（2019 年 1 月現在）

表 1-14　スマイルケア食と関連規格・分類との対応

スマイルケア食	えん下困難者用食品	咀嚼配慮食品	学会分類 2013	ユニバーサルデザインフード	嚥下食ピラミッド
赤 0	許可基準 I		嚥下訓練食品 0j／嚥下訓練食品 0t		L0（開始食）／L3 の一部（とろみ水）
赤 1	許可基準 II		嚥下調整食 1j	噛まなくてもよい	L1・L2（嚥下食 I・II）
赤 2	許可基準 III		嚥下調整食 2-1	噛まなくてもよい	L3（嚥下食 III）
黄 2		噛まなくてよい食品	嚥下調整食 2-2	噛まなくてもよい	L3（嚥下食 III）
黄 3		舌でつぶせる食品	嚥下調整食 3	舌でつぶせる	L4（移行食）
黄 4		歯ぐきでつぶせる食品	嚥下調整食 4	歯ぐきでつぶせる	L4（移行食）
黄 5		容易に噛める食品		容易に噛める	

資料）農林水産省食品産業局食品製造課：スマイルケア食の取り組みについて
　　　http://www.maff.go.jp/j/shokusan/seizo/kaigo.html（2019 年 1 月現在）

　また，経時変化，温度変化は見落とされがちである。患者の口に入る時点の性状を必ず確認する。性状の確認は，学会分類 2013（とろみ）が参考となる（表 1-15）[5]。なかでも，フォークでの確認がわかりやすい（図 1-13）。

表 1-15　とろみの段階
〔日本摂食嚥下リハビリテーション学会　嚥下調整食分類 2013（とろみ）から改変〕

		段階 1 薄いとろみ	段階 2 中間のとろみ	段階 3 濃いとろみ
飲んだとき	drink or eat	drink	drink	eat
	とろみの感じ方	あまり気にならない場合もある	明らか	明らか
	口腔内の動態	広がる	すぐには広がらず，舌でまとめやすい	まとまりがよい
	嚥下しやすさ	大きな力は不要	（やや意識が必要）	送り込みに力が必要
	ストロー飲み	細いものでも容易	抵抗あり 太いものは可能	困難
見たとき	スプーン	スプーンを傾けるとすっと流れ落ちる	スプーンで混ぜると表面に混ぜ跡が残る スプーンですくってもこぼれにくいが，傾けるととろとろと流れる	スプーンを傾けても，形状がある程度保たれ，流れにくい
	フォーク	フォークの歯の間から素早く流れ落ちる	フォークの歯の間からゆっくりと流れ落ちる	フォークの歯の間から流れ落ちず，少しはすくえる
	カップ	カップを傾けると，少し落ち方が遅いと感じる，移し替えは容易 流れ出た後には，うっすらと跡が残る程度の付着	カップを傾け，流れ出た後には，全体にコーティングしたように付着	カップを傾けても流れ出ない（ゆっくりと塊となって落ちる）

資料）日本摂食・嚥下リハビリテーション学会医療検討委員会：日本摂食・嚥下リハビリテーション学会嚥下調整食分類 2013. 日摂食嚥下リハ会誌 **17**：255-267，2013

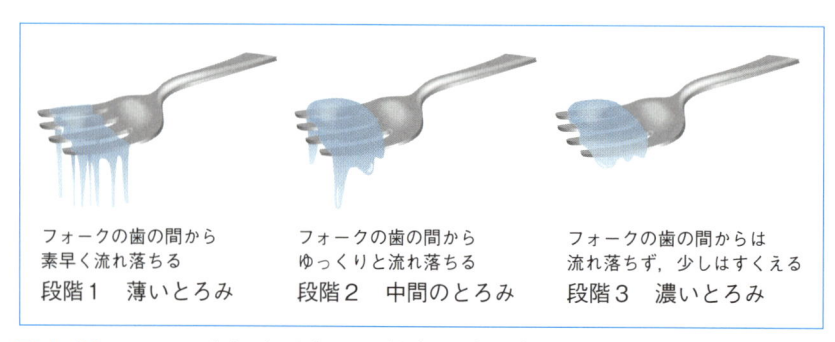

フォークの歯の間から素早く流れ落ちる
段階 1　薄いとろみ

フォークの歯の間からゆっくりと流れ落ちる
段階 2　中間のとろみ

フォークの歯の間からは流れ落ちず，少しはすくえる
段階 3　濃いとろみ

図 1-13　フォークによるとろみ程度の確認方法
〔日本摂食嚥下リハビリテーション学会　嚥下調整食分類 2013（とろみ）を基に作成〕

④補助食品　　摂食嚥下障害者においては，栄養素や水分が摂取不足となるリスクが高い。栄養素については，食事の摂取量が少ないことのほか，嚥下調整食のコード番号が小さいものは，常食に比べ水分が付加され，摂取量に対し含まれている栄養量が少ないことが原因として挙げられる。誤嚥性肺炎の予防のためにも，栄養状態を良好に保ち免疫力を保持することは重要である。各人の栄養状態を的確に評価し，栄養給与目標量を充足できるよう，適宜栄養補給を行う。

　水分については，嚥下障害に起因する摂取不足のほか，飲料へのとろみづけによる清涼感の喪失や味の劣化，満腹感により飲水行動が抑制されやすいことが原因となる。患者の機能・能力を考慮しながら，市販のゼリーやゼリー飲料など，とろみ液以外の水分摂取方法を模索し，提案できるよう心がけたい。

2) 栄養教育

　患者や家族は，「常食を食べなくてはならない」と思い込みがちである。まずは，その人に合った「食事」を食べられるようになること，楽しく，安全に食事ができることが大切であることを理解させる。それには，食事の形態・性状だけでなく，食べ方や姿勢，食具なども重要であることを説明する。実際に食事摂取をしつつ，摂取の実際，問題点や注意点の確認を患者やその家族と行うとよい。その上で，患者や家族が自立した食生活を営むためには，必要な嚥下調整食の形態・性状とその調理あるいは購入方法，必要栄養量を満たすための方法について教育が必要となる。

①必要な嚥下調整食の形態・性状とその調理あるいは購入方法　　一般に，調理担当者は患者に対する支援の気持ちはあっても，「嚥下調整食を作るのは手間」という思いは少なからずあると考える。そして患者は，「あまり嚥下調整食は食べたくない」ことが多い。これだけで，患者やその周囲にとっては，嚥下調整食は利益性よりも，負担性が勝っている。どの病態においても栄養食事指導は，患者や家族が納得できる，利益性が勝るような理由づけが必要である。嚥下調整食の必要性を，指導側も的確に説明できるよう理解していることが重要となる。

　調理担当者が作ることに負担を感じず，継続するためには，不慣れな人が作っても簡単，おいしい，経済的であることが重要である。簡単とは，わかりやすく，失敗が少ないことである。ポイントとして，分量は無駄がなく，g表示あるいは目安量表示とすること，調味料の複雑な計量は避けることが挙げられる。

　また，嚥下調整食のうちコード1，2，3の一部の調整においては，ミキサーなど普段の調理ではあまり使用しない調理器具，とろみ調整食品やゲル化材などを使用する。適宜，調理実習を行い，使い方を示す。その際，患者や家族が保有する調理器具を確認し，その特徴に合わせた指導ができるとよい。食材に対する水分添加量は，使用する調理器具の種類により異なる（表1-16）[7]。水分添加量が増えると食材の比率が低くなるため，栄養素

表 1-16　調理器具の特徴

	ミキサー	フードプロセッサ	ハンドミキサー
回転数 （回/分）	10,000～22,000	1,500～5,600	10,000
特徴	刃の上まで内容物がないと回らない	水分なしでも作動する 水分が多すぎるとうまく回らない	水分なしでも作動する 水分を加えたほうがスムーズ 手で保持する必要がある
仕上がり	なめらか	やや粗い	なめらか

資料）水島美保：嚥下調整食 2-2，在宅，摂食嚥下障害の栄養食事指導マニュアル/藤谷順子，小城明子編，pp.44-51，医歯薬出版，2016 を基に作成

密度が低下し，味が悪くなる。水分添加量はできるだけ抑えるよう心がける。

　とろみ調整食品やゲル化材などの使用についても，説明が必要となる。とろみ調整食品は，主材料がキサンタンガムである商品が主流である。主材料が同じ商品は商品間の違いは小さい。ただし，添加量や飲料との相性，溶解性や色に若干違いはあるので，必ず確認した上で，患者に勧めたい。ゲル化材も同様である。これらの多くは無味無臭ではあるものの，添加により，元の食材・料理の味や香りは変化する。コストも考え，水分と同様，添加量は最小限にしたい。とろみ調整食品は，ミキサーなどを利用して撹拌する場合には，刃の近くに加えると，水分が少なくても撹拌できるため，水分およびとろみ調整食品の添加量が抑えられる。

　調理方法だけでなく，継続のためには，市販品も紹介するとよい。介護食品でなく，一般食品でも活用できるものがある。負担軽減だけでなく，調整の手本にもなる。どのような商品があり，どのように活用できるのか，具体的な商品名を挙げて指導するとよい。特に，一般食品は，商品により適用の可否が分かれるので気をつけたい。試食して使用品目を増やしておく。大勢で試食して情報交換するのもお勧めである。

②**必要栄養量を満たすための方法**　一般に，嚥下調整食を食べる患者にとって，疲労なく，安全に，確実に食べられる量は多くはない。そのため，食事のみで必要栄養量を満たすためには工夫が必要となる。栄養強化の目的で，油脂類（バター・マヨネーズ）や乳類（牛乳・生クリーム），粉飴，中鎖脂肪酸（MCT）オイル・パウダー，濃厚流動食などを添加することも提案したい。また，前述した補助食品についても紹介するとよい。

（4）栄養モニタリングと評価

　本能としての摂食行動は，生きるための栄養補給が目的であり，個体や種族維持に不可欠な生命活動の一つである。そのため，摂食機能が障害された場合でも，生きている間は

食べることに対する欲求はかなり強く残る。その欲求に対し，うまく食べられないという状況は，怒りや悲しみ，不安，諦めなどの感情を生じやすい。患者の訴えをしっかりと聞き取り，必要に応じて食事の形態・性状の変更を検討する。

このほか，栄養状態の変化，脱水の有無，むせ・発熱・窒息などの有無を確認したい。併せて，食事や水分の摂取量もチェックしたい。

栄養状態が低下している場合には，食事摂取量だけでなく，提供栄養量も確認する。全量摂取できていても，水分添加量が多いなどで提供栄養量が少なければ，栄養状態は低下する。水分については，とろみ調整食品で水分にとろみを付ける場合は，水分摂取が減少することが報告されている。

むせ・発熱などは，誤嚥の兆候である。能力に対して選択された嚥下調整食が適していない可能性が考えられる。形態・性状の選択に問題があるのか，あるいは提供している食事が適切に調整されていないのか，原因を探る。これ以外にも，患者の体調や，能力の変化，姿勢などの食環境や食べ方に原因があることもある。ミールラウンドで確認する。

● 文献

1) Maeda K, Akagi J : Sarcopenia is an independent risk factor of dysphagia in hospitalized older people. *Geriatr Gerontol Int* **16** : 515-521, 2016
2) 日本神経治療学会治療指針作成委員会編集：標準的神経治療：神経疾患に伴う嚥下障害．神経治療 **31** : 437-470, 2014
3) 日本栄養士会監訳：国際標準化のための栄養ケアプロセス用語マニュアル，第一出版，2012
4) 日本摂食嚥下リハビリテーション学会医療検討委員会：訓練法のまとめ2014年版．日摂食嚥下リハ会誌 **18** : 55-89, 2014
5) 日本摂食・嚥下リハビリテーション学会医療検討委員会：日本摂食・嚥下リハビリテーション学会嚥下調整食分類2013．日摂食嚥下リハ会誌 **17** : 255-267, 2013
6) 農林水産省食品産業局食品製造課：スマイルケア食の取組について　http://www.maff.go.jp/j/shokusan/seizo/kaigo.html/2017年10月現状
7) 水島美保：嚥下調整食2-2　―在宅，摂食嚥下障害の栄養食事指導マニュアル/藤谷順子，小城明子編，医歯薬出版，p.44-51, 2016

2 慢性閉塞性肺疾患（COPD）

(1) 呼吸器疾患の定義

　呼吸器疾患とは，呼吸に関わる臓器である呼吸器の疾患の総称である。空気が通過する器官が気道で，鼻腔，口腔から咽頭，喉頭を経て気管，気管支，細気管支，肺，胸膜までを指す。多くは，咳，痰，呼吸困難，胸痛，喘鳴などの症状がみられ，主に慢性閉塞性肺疾患（chronic obstructive pulmonary disease，以下，COPD），肺がん，肺結核，気管支喘息，肺炎，呼吸不全などが挙げられる。

1) COPD の概要

　COPD は，肺気腫，慢性気管支炎の病気の総称である。たばこ煙や粉塵などの有害物質を長期に吸入曝露することで生じた肺の炎症性疾患で，喫煙習慣がある中高年に発症しやすい[1]。近年，日本国内で行われた疫学調査でも，40 歳以上では 530 万人の COPD 患者がいると推測されている。しかしながら診断率は 10% と少ない。

2) COPD の病因・病態，症状

①呼吸機能検査で正常に復すことのない気流閉塞を示す。気流閉塞は，末梢気道病変と気腫性病変が様々な割合で複合的に作用することにより末梢側に炎症が進展した場合，肺胞が破壊（気腫化）され気道病変が起こる。進行性である。

②臨床的には徐々に生じる体動時の呼吸困難や慢性の咳，痰を特徴としている[1]。COPD の初期は無症状であるが，呼吸のためのエネルギー効率が低下し，徐々に労作時の息切れが顕在化する。

③呼吸数が増える際に起こる動的過膨張が関与する。重症化すると低酸素血状態となり，全身性炎症となる。そればかりか，筋力低下，骨粗鬆症，体重減少，虚血性心疾患，その他の種々の全身併存症が認められる。

3) COPD の診断

①長期の喫煙歴があり，咳・痰が慢性的で，労作時呼吸困難があれば疑われる[2]。

②病期分類は図 1-14 に示し，1 秒率（FEV1/FVC）を採用し，気管支拡張薬吸入後のスパイロメトリーで 1 秒率が 70% 未満であれば COPD と診断する。病期分類の I 期では軽度の気流閉塞であるが，IV 度では極めて高度の気流閉塞を示す。

4) COPD の治療

　COPD は，気流制限が不可逆的な進行性であるため，根本的に治す治療は未だない。

しかしながら，早期診断と治療として，禁煙，薬物療法，呼吸リハビリテーションが重要な鍵をもつ。さらに重症になれば，在宅酸素療法や外科療法を行うことで重症化予防となる（図 1-14）。

①**禁煙**　病気の進行を止める（禁煙治療は保険適応）。

②**薬物療法**　感染症予防（肺炎球菌ワクチンなど，喀痰調整薬，吸入ステロイド薬，ステロイド，抗生物質，気管支拡張薬，長時間作用性抗コリン薬，長時間作用性β_2刺激薬，メチルキサンチン

③**包括的呼吸リハビリテーション**　呼吸療法，運動療法，栄養療法などにより自覚症状の軽減，運動能力の向上，QOL の向上が期待できる。

④**酸素療法**　家庭で持続的に酸素を吸入する在宅酸素療法を行うことで QOL が向上し，生存率が高まる。

⑤**外科・内視鏡手術**　一部だけが膨張した肺を縮小させるために，極度に破壊された肺の一部（20〜30%）を切除する手術が行われる。

5）COPD の栄養療法のポイント

　COPD の栄養障害は，体重減少が肺機能障害とは独立した予後因子であることが広く認識されてきた（図 1-15）。近年，COPD における全身性炎症が栄養障害に深く関与することや，内分泌ホルモンの分泌動態の変化が，食欲の調節や筋たんぱく量の増加や減量

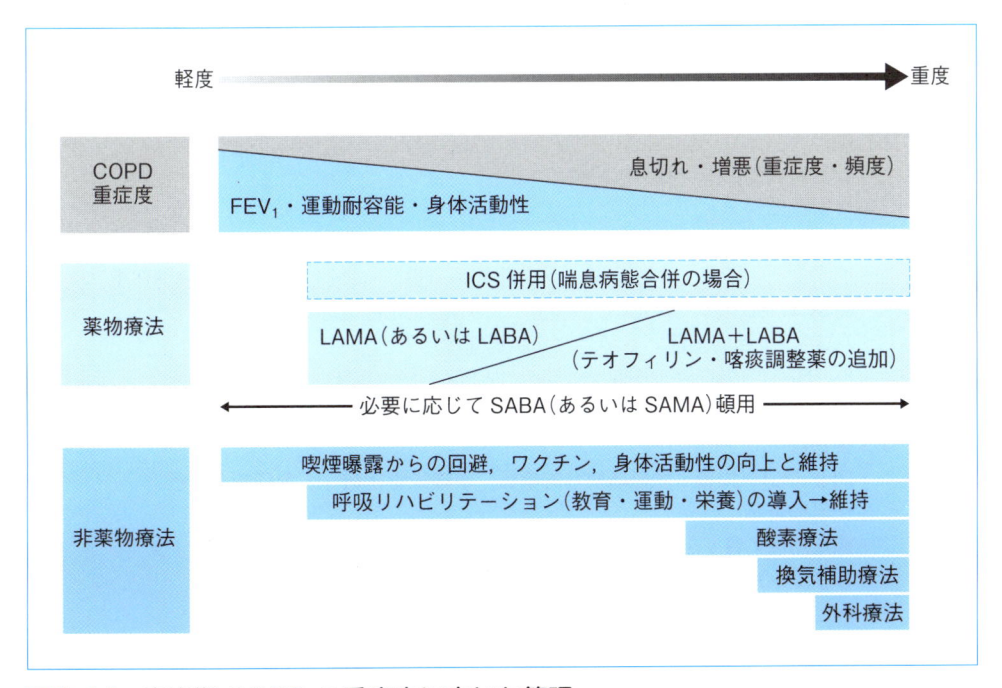

図 1-14　安定期 COPD の重症度に応じた管理
資料）日本呼吸器学会：COPD（慢性閉塞性肺疾患）診断と治療のためのガイドライン第 5 版，p.4，2018

の因子と深い関係がある。アジア人は，エネルギー摂取量不足に起因した筋たんぱくの異化亢進状態であるマラスムス型栄養障害（PEM）としての栄養療法がほとんどを占めるが，中には肥満傾向の気道病変型の COPD 患者もおり，体重などでの栄養評価を行う（表 1-17）。一般的に，炭水化物中心の食事は動脈血の炭酸ガス分圧を上昇させる可能性があるといわれている。動脈硬化の促進因子となる動物性脂質や飽和脂肪酸を多く含む食品は控え，n-3 系脂肪酸の多い食品を利用する。栄養障害が進行するため，すべてのビタミン，ミネラルが不足するので，ビタミン，ミネラルは強化する（表 1-18）。現在，代謝性の二酸化炭素産生を抑える脂肪，炭水化物調整食品で調整された病態別濃厚流動食の

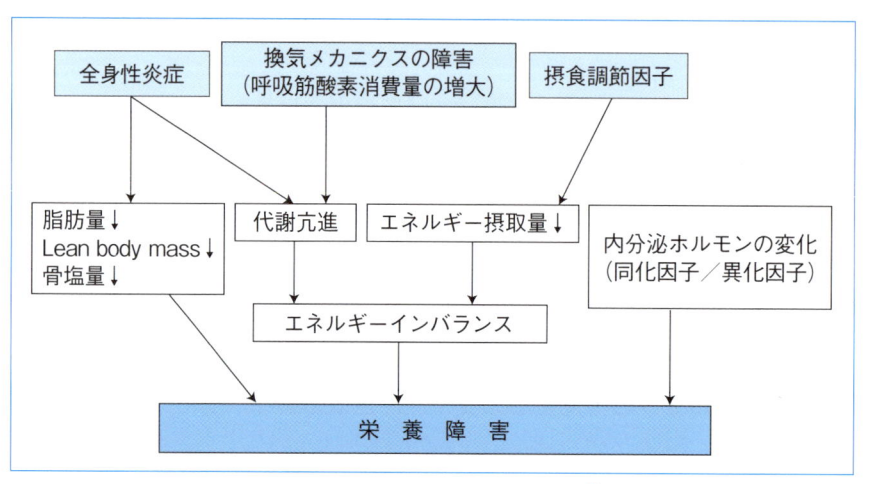

図 1-15　COPD における栄養障害のメカニズム [3]

表 1-17　栄養パラメータ

①代謝
　・安静時代謝および基礎代謝量
②身体計測関連
　・体重および% IBW　標準体重（身長）^{2}×22　80% >やせ
　・肥満度　・BMI（体格指数）　・体脂肪率（量）　・% UWT　% 健常時体重
　・身長（Height）　・AC（上腕囲）　・AMC（上腕筋囲）
　・AMA（上腕筋面積）　・Ata（上腕総面積）
　・% TSF（三頭筋部皮下脂肪厚）　・ウエストヒップ比
　・呼吸筋力（最大呼気筋力と吸気筋力）　・骨格筋力（握力）
③栄養指数
　・PNI（%）　栄養・免疫能総合的指標，予後栄養指数　・免疫能　など
④生化学検査等
　・総たんぱく質　・アルブミン　・プレアルブミン　・トランスフェリン
　・レチノール結合蛋白
　・総コレステロール　・ヘモグロビン　・空腹時血糖
　・血漿アミノ酸分析（BCAA/AAA）
　・微量元素類　・ビタミン類　・ホルモン，サイトカイン

必要に応じて実施したいパラメータを選択する。

利用が望まれている。

6）栄養食事指導，生活指導—栄養アセスメントの必要性—

　先にも述べたように，食事摂取がむずかしい患者の食事管理が問題であり，栄養基準量を摂取しきれない場合が多い。栄養療法の基本的な処方を設定しても，食事摂取ができなければ意味がない。分食や，サプリメントを利用しての栄養摂取量を増加させるなどの試みが必要となる。食事は，静脈栄養剤や薬剤とは違い，本人の ADL が重視される。そのためには，表 1-19 のような基礎的な情報を習得する必要がある。

　COPD と診断された時点で栄養状態をアセスメントし，栄養障害を起こさないように栄養療法を開始する。運動療法との併用をする。筋肉量の減少は栄養障害時に起きる可能性があり，筋力トレーニングや包括的呼吸リハビリテーションを行い，ADL を上げる。最近では，医療レベルをアップし患者の QOL を重視するために，チーム連携によるプログラムをつくり，そのチーム医療の一環として NST が中心になっている。COPD 患者の食品構成の考え方は，例えば，安静時代謝（REE）が 1,500kcal で，標準体重 50kg の場合，必要エネルギー量は REE×150（％）＝2,250kcal，必要たんぱく質は標準体重 ×1.5＝75g とすると，表 1-18 の食事基準が適当となる。

　食事基準に基づいて実施しても，安定体重とならない場合がある（やせ，肥満など）。

表 1-18　栄養食事基準

基礎代謝量または安静時代謝量の 140～160％ を基準量とする。
BCAA（分岐鎖アミノ酸）の有用性が示されている。
１日当たり 1.0～2.0g/kg 体重のたんぱく質
たんぱく質エネルギー比　　　15～20％
炭水化物エネルギー比　　　　50％
脂質エネルギー比　　　　　　30～35％
ビタミンは，A，B 群，C の補給
リン（P），マグネシウム（Mg），カリウム（K），カルシウム（Ca）の補給
水分の補給（体重×30mL（最低量）
食塩　血圧，浮腫がある場合は 7.5g 以下

表 1-19　患者の基礎情報

①現病歴，既往歴，家族歴等
②生活状況
③身体計測指標，生化学的指標，免疫的指標，生理的指標
④身体の観察（睡眠・栄養障害・食欲・歯・摂食行動・時間）
⑤栄養，薬剤，食事摂取状況（食事摂取歴，社会心理歴等）
⑥食物摂取状況及び栄養素摂取状況
⑦臨床検査データおよび尿，便量，数

そのためにも，継続的な栄養アセスメントが必要である。また，在宅酸素療法を開始する。早期に，栄養障害の有無をアセスメントし，継続的に栄養障害をチェックする必要がある。呼吸エネルギー量増大と食事との相関を患者へ教育し，早期栄養療法を開始すれば，体重減少や PEM が起こりにくいであろう。ただし，他の慢性疾患を合併している患者に無理な栄養補給を行うと，かえって体重増加により肥満状態となり，呼吸苦を起こし，ADL が悪化する危険もある。また，食欲不振の患者に対し無理に食べることを促すと，心身障害に陥る危険もあるため，その人の心理を考えた療法が必要となる。

食事の工夫を表 1-20 に示す。

表 1-20　COPD 患者への食事の工夫

①喫煙は肺機能を低下させるばかりか食欲低下因子が含まれているため，禁煙にする。
②6 回食など分食にして，1 回に食べる量を減らす。
③少量で高エネルギー，高たんぱく質の食品を考慮する。
④炭酸飲料などのガスが発生し腹部膨満感を来すものは避ける。
⑤さっぱりとした食品を利用する。
⑥食事の環境を整える。
⑦新鮮な食材，旬のもの，うまみなどを工夫し，好みでおいしく食べられる食品の選択をする。
⑧食べられないときはサプリメントを利用し，必要量を満たす努力をする。

● 文献

1）日本呼吸器学会編：COPD（慢性閉塞性肺疾患）診断と治療のためのガイドライン，第 5 版，2018
2）日本呼吸器学会ガイドライン作成委員会：COPD（慢性閉塞性肺疾患），診断と治療のためのガイドライン，第 4 版，メディカルレビュー社，2013
3）吉川雅則：慢性閉塞性肺疾患における栄養障害の病態と対策．日呼吸ケアリハ会誌 22，258-263，2012

2 内分泌代謝系の疾患と障害

1 糖尿病

　厚生労働省の平成28年国民健康・栄養調査では，糖尿病患者の有病者数と糖尿病予備群はともに1000万人と推計されている[1]。糖尿病患者の平均寿命は，男性71.4歳，女性75.1歳[2]で，成人糖尿病患者の半数以上が65歳以上になり，糖尿病は高齢者の病気といっても過言ではない。したがって，高齢期の糖尿病患者は，全国どの地域においても増大していくことが容易に推測される。今後は，病院や診療所などの医療機関だけではなく，地域包括ケアの中でたくさんの高齢糖尿病患者の療養支援が求められてくる。久山町研究*では，糖尿病患者は非糖尿病患者に比して，アルツハイマー型認知症が2.1倍，血管性認知症が1.8倍以上と示されている（図1-16）。これは，高齢期糖尿病患者の合併症として大きくQOLを損ない，食事療法，運動療法，薬物療法という糖尿病治療を困難にさせて，負のスパイラルに陥ることになり，極めて重要な問題となっている。

　*久山町研究：全住民を対象にした前向きの生活習慣病全体の追跡研究。久山町は年齢や職業分布が全国平均と等しい平均的な日本人集団である。

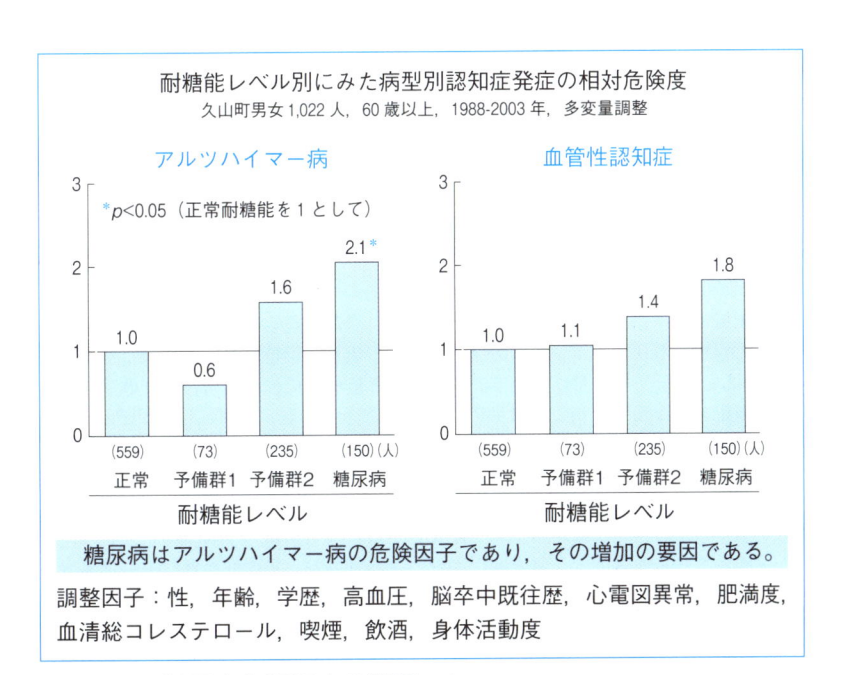

図1-16　糖尿病と認知症の関係

資料）Ohara T, Doi Y, Ninomiya T, *et al.*: Glucose tolerance status and risk of dementia in the community: the Hisayama study. *Neurology* 77: 1126-1134, 2011

　高齢期の糖尿病患者を取り巻く多様な問題を踏まえて，日本糖尿病学会と日本老年医学会は合同委員会を立ち上げ，高齢糖尿病患者の認知機能や ADL（Activities of Daily Living：日常生活動作），機能障害によるカテゴリー分類と重症低血糖の危険度分類による血糖コントロール目標を HbA1c 値で示し，高齢糖尿病患者を明確に分類した[3]。これまでは Lower the best といわれ，上限値のみが示されていたが，今回初めて下限値が示された（図 1-17）。

	カテゴリーⅠ	カテゴリーⅡ	カテゴリーⅢ
患者の特徴・健康状態 [注1]	①認知機能正常 かつ ②ADL自立	①軽度認知障害〜軽度認知症 または ②手段的 ADL 低下，基本的 ADL 自立	①中等度以上の認知症 または ②基本的 ADL 低下 または ③多くの併存疾患や機能障害
重症低血糖が危惧される薬剤（インスリン製剤, SU薬, グリニド薬など）の使用　なし [注2]	7.0%未満	7.0%未満	8.0%未満
あり [注3]	65歳以上75歳未満　7.5%未満（下限6.5%）／ 75歳以上　8.0%未満（下限7.0%）	8.0%未満（下限7.0%）	8.5%未満（下限7.5%）

図 1-17　高齢者糖尿病の血糖コントロール目標（HbA1c 値）

治療目標は，年齢，罹病期間，低血糖の危険性，サポート体制などに加え，高齢者では認知機能や基本的 ADL，手段的 ADL，併存疾患なども考慮して個別に設定する。ただし，加齢に伴って重症低血糖の危険性が高くなることに十分注意する。

注1）認知機能や基本的 ADL（着衣，移動，入浴，トイレの使用など），手段的 ADL（IADL：買い物，食事の準備，服薬管理，金銭管理など）の評価に関しては，日本老年医学会のホームページ（http://www.jpn-geriat-soc.or.jp/）を参照する。エンドオブライフの状態では，著しい高血糖を防止し，それに伴う脱水や急性合併症を予防する治療を優先する。

注2）高齢者糖尿病においても，合併症予防のための目標は 7.0% 未満である。ただし，適切な食事療法や運動療法だけで達成可能な場合，または薬物療法の副作用なく達成可能な場合の目標を 6.0% 未満，治療の強化が難しい場合の目標を 8.0% 未満とする。下限を設けない。カテゴリーⅢに該当する状態で，多剤併用による有害作用が懸念される場合や，重篤な併存疾患を有し，社会的サポートが乏しい場合などには，8.5% 未満を目標とすることも許容される。

注3）糖尿病罹病期間も考慮し，合併症発症・進展阻止が優先される場合には，重症低血糖を予防する対策を講じつつ，個々の高齢者ごとに個別の目標や下限を設定してもよい。65歳未満からこれらの薬剤を用いて治療中であり，かつ血糖コントロール状態が図の目標や下限を下回る場合には，基本的に現状を維持するが，重症低血糖に十分注意する。グリニド薬は，種類・使用量・血糖値等を勘案し，重症低血糖が危惧されない薬剤に分類される場合もある。

【重要な注意事項】糖尿病治療薬の使用にあたっては，日本老年医学会編「高齢者の安全な薬物療法ガイドライン」を参照すること。薬剤使用時には多剤併用を避け，副作用の出現に十分に注意する。

資料）日本老年医学会・日本糖尿病学会編・著：高齢者糖尿病診療ガイドライン 2017, p.46, 南江堂，2017

(1) 糖尿病の概要

　糖尿病は，慢性疾患で，生活習慣病の代表的な疾患であり，食事療法が極めて重要な疾患でもある。現在の医学では，一度発症してしまうと緩解することはあっても完治する疾患ではない。そのため，常に食事や運動を中心とした生活習慣をコントロールしなければならない疾患であり，管理栄養士による継続的な関わりなしには適切な血糖コントロールを実現できない疾患である。また，糖尿病にも様々な病態があり，メタボリックシンドロームを根源とする肥満型の人（インスリン抵抗型）もいれば，日本人に多いやせ型（インスリン分泌不足）の糖尿病患者もいるため，治療は極めて困難であり，一律の食事内容を示すような方法では，血糖値のコントロールは安定しない。複雑で多種多様な病態にある糖尿病患者に対応するためには，その病態の成り立ちを理解して，原因になる生活習慣に応じた栄養食事指導を行うことが管理栄養士に求められる。多様な病態に加え，これまで培ってきた生活習慣，食習慣，家庭環境，経済状況などが複雑に絡み合ってくるので，糖尿病の栄養食事指導は常に個別化（tailor-made）である。さらに重要なことは，どの患者においても適切な食事療法は生活に即して変化していくため，栄養食事指導は，中断や終了をさせないことも重要である。

(2) 糖尿病の栄養食事指導

　糖尿病患者の栄養食事指導は，患者にとっては初期教育になることが多い。すなわち，食事療法を知るのも管理栄養士に出会うのも初めてである場合が多いということで，食事療法そのものの印象や，管理栄養士はどのようなことをしてくれるメディカルスタッフなのかという印象が定着することになる。その際の印象が悪いと，患者は食事療法に否定的になり，その後の治療に重大な悪影響を残してしまう。特に，失敗体験は患者の自信を損失し，自己効力感（self-efficacy）の定着を妨げることになる[4]。このように，初期の栄養食事指導は，極めて重要な役割を担う。

　管理栄養士の印象も重要である。管理栄養士は患者にとって「有効な情報を提供してくれる相手」，「何でも相談できる相手」，「不安や疑問を解決してもらえる相手」，「信頼できる相手」になることが必要である。したがって，管理栄養士は，日常的な研鑽を繰り返して，栄養食事指導に対する態度や姿勢，身だしなみや表現力も含めて正すことで，常に人間力（human skill）の向上を目指す必要があり，患者から信頼を得る努力を怠ってはならない。その上で，管理栄養士は，栄養食事指導に当たり，患者から信頼を得るために，病態と栄養素や食生活の関連，食事療法の必要性と重要性などについて，患者自身の適切な理解に加え，十分な納得が得られるまで繰り返していねいに説明することが，初期教育の中で行う栄養食事指導の基本となる。

　筆者がこれまで20年以上継続指導を繰り返している経験から，一定の食生活が継続し

ている患者は存在しない。患者の日常生活の変化（転勤・転職，定年退職，友人関係の変化，趣味・習い事，同一世帯家族構成の変化，子どもの受験，冠婚葬祭，親や配偶者の介護など）により，食事内容や外食・中食の頻度，間食の回数や内容も変化する（表1-21）。食事療法の継続には，管理栄養士が寄り添う栄養食事指導の継続は不可欠である。5〜10回程度の継続で，その時点の理想的な食生活を実行できたとしても，四季の食事や旬の食材，行事食など様々な食生活への対応についての継続指導は不可欠である。

　食事療法は，躓き（つまず）と失敗の繰り返しであるため，管理栄養士は常に患者に寄り添い，食と栄養の専門職として，患者に頼られる存在になることが，糖尿病の重症化予防につながり，合併症の発症予防や進行抑制につながると考える。

表1-21　孫を預かることになって血糖コントロールが乱れた在宅高齢者の糖尿病事例

事例	74歳女性 糖尿病	家族構成と家族歴	
職業	無職	一人暮らし	
身体状況	【生化学データ】通常→孫を預かった結果 空腹時血糖 120mg/dL 前後→ 150mg/dL HA1c 7.0% 前後→ 8.2%		
既往歴		市販薬	特になし
現在までの生活活動状況	働いている娘に代わって，保育園の後に数時間，孫を預かることになり，おやつを一緒に食べるようになった。夕食も一緒に食べる日が増え，孫に合わせた献立に変えた		
栄養アセスメント	・血糖をいかにコントロールするか，どの時間帯に高血糖，低血糖が起きやすいか，使用している薬剤や生活を把握する ・食後高血糖も配慮するが，血糖値は下げればよいのではなく，下げすぎも問題であることに気を付ける ・超即効型インスリン，SU剤[*1]，グリニド系の薬剤を使用していると，食後1〜2時間後にインスリン作用による反応性低血糖を起こす人もいることに注意する ・SGLT2阻害薬[*3]の使用者には特に注意する		
ケアプラン	糖質の「質」に注目し，糖を摂取しながら血糖コントロールを行う		
栄養ケア計画	砂糖をパラチノース[*4]に置き換える 市販品として，パラチノースと砂糖を1:1で合わせた「スローカロリーシュガー」（三井製糖株式会社）が入手できる ・糖質の量を制限するよりも，糖質の「質」を重視し，安全においしく糖質が摂取できる方法を総合的に考える ・低GI（Glycemic Index）の利用，食べるタイミング・順番，食物繊維の利用など適切な糖を適量摂取する生活（適糖生活）を推奨する		

まとめ	・小太り程度の肥満であれば，パラチノースを使った食事療法が減量に結び付いた経験がある ・常に変化する病態や生活に合った食事療法の提案を行うためには，患者の不安・疑問，問題を解消する栄養指導が必要であり，患者の人生に寄り添う栄養指導が最も重要である

*1 SU剤：スルホニル尿素剤。膵臓のインスリン分泌を促す薬。副作用として低血糖，体重増加がある。

*2 グリニド系の薬剤：フェニルアラニン誘導体。即効的にインスリンを分泌させ，高血糖を改善する薬。

*3 SGLT2阻害薬：腎尿細管にある糖の輸送担体であるSGLT2の働きを阻害することによって，グルコースを取り込むのを阻害し，腎臓での糖の再吸収を抑えて血糖上昇を抑制する薬剤。ゼロカロリーの糖質などを使った厳しい糖質制限でこの薬剤を併用すると，糖の吸収が極度に減り，重症低血糖を招く危険がある。

*4 パラチノース：サトウキビから作られる糖質で，グルコースとフルクトースで構成される天然の二糖類。4kcal/gのエネルギーは砂糖と同じであるが，砂糖よりも血糖上昇が起こりにくい特徴があり，高血糖・低血糖の危険性が少ない糖質エネルギー源。パラチノースは，唾液・胃液・膵液で消化されず，小腸のイソマルターゼで分解され吸収される。消化吸収の所要時間は，砂糖の5倍のため，血中へのグルコース取り込みが遅い（図1-18）。血糖値が急激に上昇しにくいだけでなく，下降も緩やかなため，満腹感が継続しやすく，食べすぎの防止につながる。

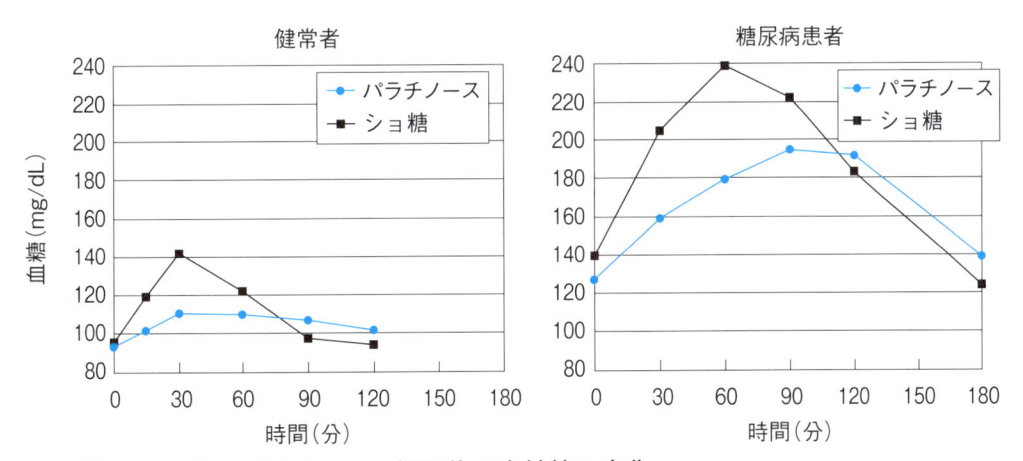

図1-18　ショ糖とパラチノース摂取後の血糖値の変化

資料）筑波大学，2000

2　脂質異常症

　厚生労働省の平成 28 年国民健康・栄養調査によると，総コレステロールの平均値は，男性 196.3mg/dL，女性 207.6mg/dL であり，総コレステロール 240mg/dL 以上の患者数は，約 206 万人，男性 9.8%，女性 17.3% であった[1]。この 10 年間，男女ともに有意な増減はみられていない。

(1) 脂質異常症の概要と診断基準

　脂質異常症とは，血清脂質〔LDL コレステロール，トリグリセライド（中性脂肪），HDL コレステロール〕が異常値を示す病態であり，その状態が症状を示すことはないが，脂質異常症が放置されることで動脈硬化症を発症し，心疾患や脳血管性疾患などを代表とする全身の血管性疾患を引き起こし，重篤な後遺症や生命予後に大きな影響を与えている。脂質異常症の診断基準として，世界保健機関（WHO）は上昇するリポたんぱく質により，Ⅰ型，Ⅱa 型，Ⅱb 型，Ⅲ型，Ⅳ型，Ⅴ型に分類し，それぞれに原発性，続発性疾患を示し（表 1-22），臨床現場で古くから活用してきた[5]。近年のわが国の状況として，日本動脈硬化学会では，2007 年より動脈硬化性疾患予防ガイドラインの中で脂質異常症の診断基準を示し，2017 年のガイドラインでは non-HDL コレステロールを加えた改定を行っている（表 1-23）。

　日本動脈硬化学会では，脂質異常症からくる重篤な病態である冠動脈疾患を予測するために，冠動脈疾患発症予測モデルとして，①年齢，②性別，③喫煙，④血圧，⑤HDL コレステロール，⑥LDL コレステロール，⑦耐糖能異常，⑧早発性冠動脈疾患家族歴を点数化した「吹田スコア」を示している[6]。表 1-23 とフローチャート（図 1-19, 20）を

表 1-22　世界保健機関（WHO）の高脂血症（脂質異常症）分類と疾患

型分類	上昇する リポたんぱく質	上昇する脂質	原発性疾患	続発性疾患
Ⅰ型	カイロミクロン	TG（トリグリセライド）	リポたんぱく質リパーゼ欠損症 リポたんぱく質 C Ⅱ欠損症	全身性エリテマトーデス（SLE）
Ⅱa 型	LDL	TC（総コレステロール）	家族性高コレステロール血症 家族性複合型高脂血症	甲状腺機能低下症 ネフローゼ症候群
Ⅱb 型	LDL, VLDL	TC, TG		
Ⅲ型	レムナント	TC, TG	アポたんぱく質 E 異常症 アポたんぱく質 E 欠損症	甲状腺機能低下症 ネフローゼ症候群 糖尿病 Cushing 症候群
Ⅳ型	VLDL	TG, TC	家族性複合型高脂血症	飲酒，肥満，糖尿病
Ⅴ型	VLDL, カイロミクロン	TG, TC		飲酒，糖尿病

表 1-23 脂質異常症診断基準（空腹時採血）*

LDL コレステロール	140mg/dL 以上	高 LDL コレステロール血症
	120〜139mg/dL	境界域高 LDL コレステロール血症**
HDL コレステロール	40mg/dL 未満	低 HDL コレステロール血症
トリグリセライド	150mg/dL 以上	高トリグリセライド血症
non-HDL コレステロール	170mg/dL 以上	高 non-HDL コレステロール血症
	150〜169mg/dL	境界域高 non-HDL コレステロール血症**

*10 時間以上の絶食を「空腹時」とする。ただし水やお茶などカロリーのない水分の摂取は可とする。

**スクリーニングで境界域高 LDL-C 血症、境界域高 non-HDL-C 血症を示した場合は、高リスク病態がないか検討し、治療の必要性を考慮する。

● LDL-C は Friedewald 式（TC−HDL-C−TG/5）または直接法で求める。

● TG が 400mg/dL 以上や食後採血の場合は non-HDL-C（TC−HDL-C）か LDL-C 直接法を使用する。ただし，スクリーニング時に高 TG 血症を伴わない場合は LDL-C と non-HDL-C の差が +30mg/dL より小さくなる可能性を念頭においてリスクを評価する。

資料）日本動脈硬化学会：動脈硬化性疾患予防ガイドライン 2017 年版，2017

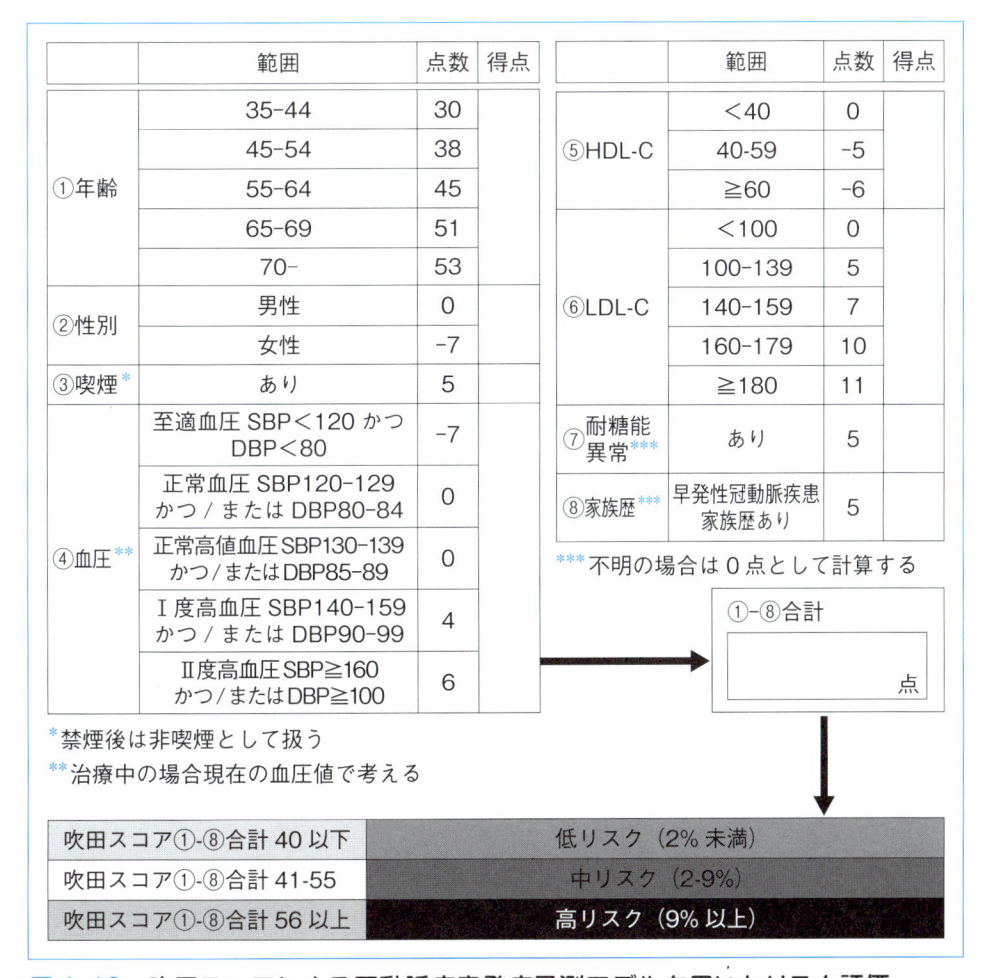

図 1-19　吹田スコアによる冠動脈疾患発症予測モデルを用いたリスク評価

資料）日本動脈硬化学会：動脈硬化性疾患予防のための脂質異常症診療ガイド 2018 年版，p.37，2018

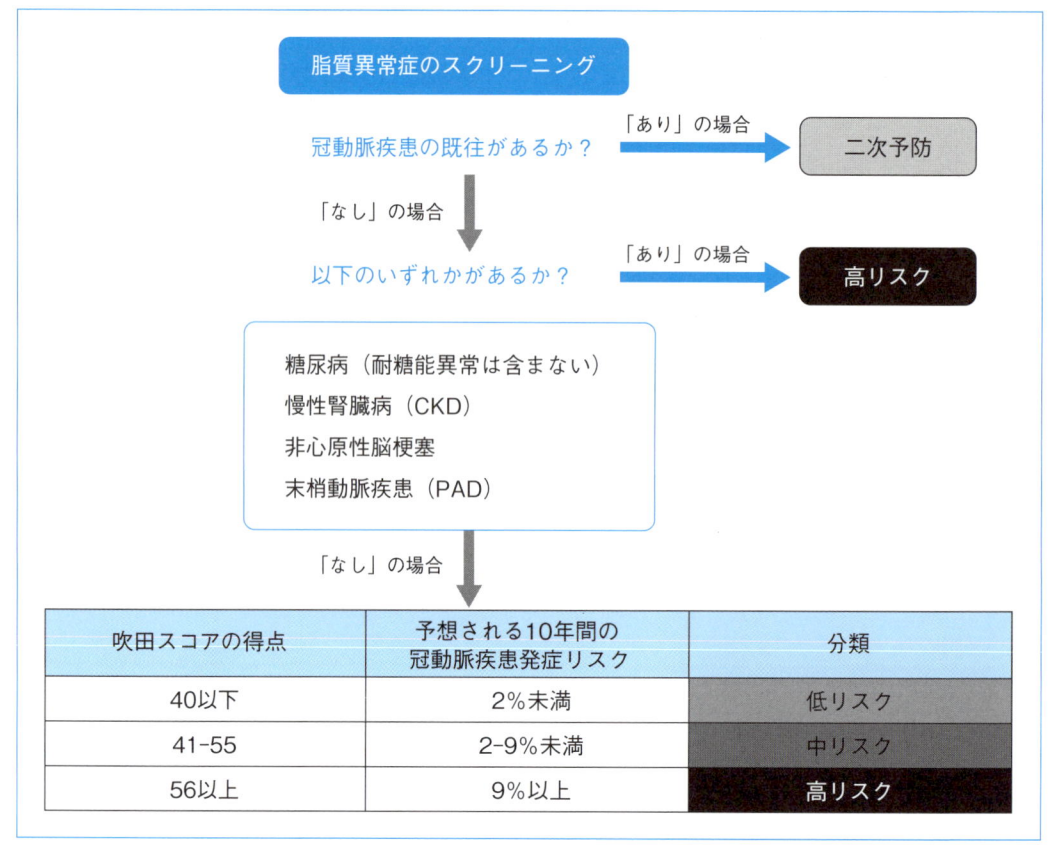

図1-20　LDLコレステロール管理目標設定のための吹田スコアを用いたフローチャート

吹田スコアは図1-19に基づいて計算する。

注）家族性高コレステロール血症および家族性Ⅲ型高脂血症と診断される場合はこのチャートは用いずに動脈硬
　　化性疾患予防ガイドライン2017年版 第5章「家族性コレステロール血症」，第6章「原発性脂質異常症」の
　　章をそれぞれ参照すること。

資料）日本動脈硬化学会：動脈硬化性疾患予防ガイドライン2017年版，p.52，2017

用いて低リスク・中リスク・高リスクに分類し，動脈硬化性疾患の発症を予測してLDLコレステロールの管理目標値を検討して，介入することを推奨している。さらに危険因子を用いた簡易版（図1-21）による介入も推奨しており[6]，脂質の管理目標（表1-24）を示した[7]。

　2017年の改定では，動脈硬化性疾患の二次予防として，非心原性脳梗塞，末梢動脈疾患（PAD），慢性腎臓病（CKD），メタボリックシンドローム，主要な危険因子の重複，喫煙の継続がある場合は，LDLコレステロール100mg/dL未満，家族性高コレステロール血症，急性冠症候群（ASC），糖尿病患者の中で他の高リスクを合併している場合や，冠動脈プラークの退縮効果を認める場合には，70mg/dL未満のLDLコレステロールの管理目標が示され（表1-25），これまで以上に患者の病態を総合的に評価して，各カテゴリー別の管理目標に沿った治療が望まれている。

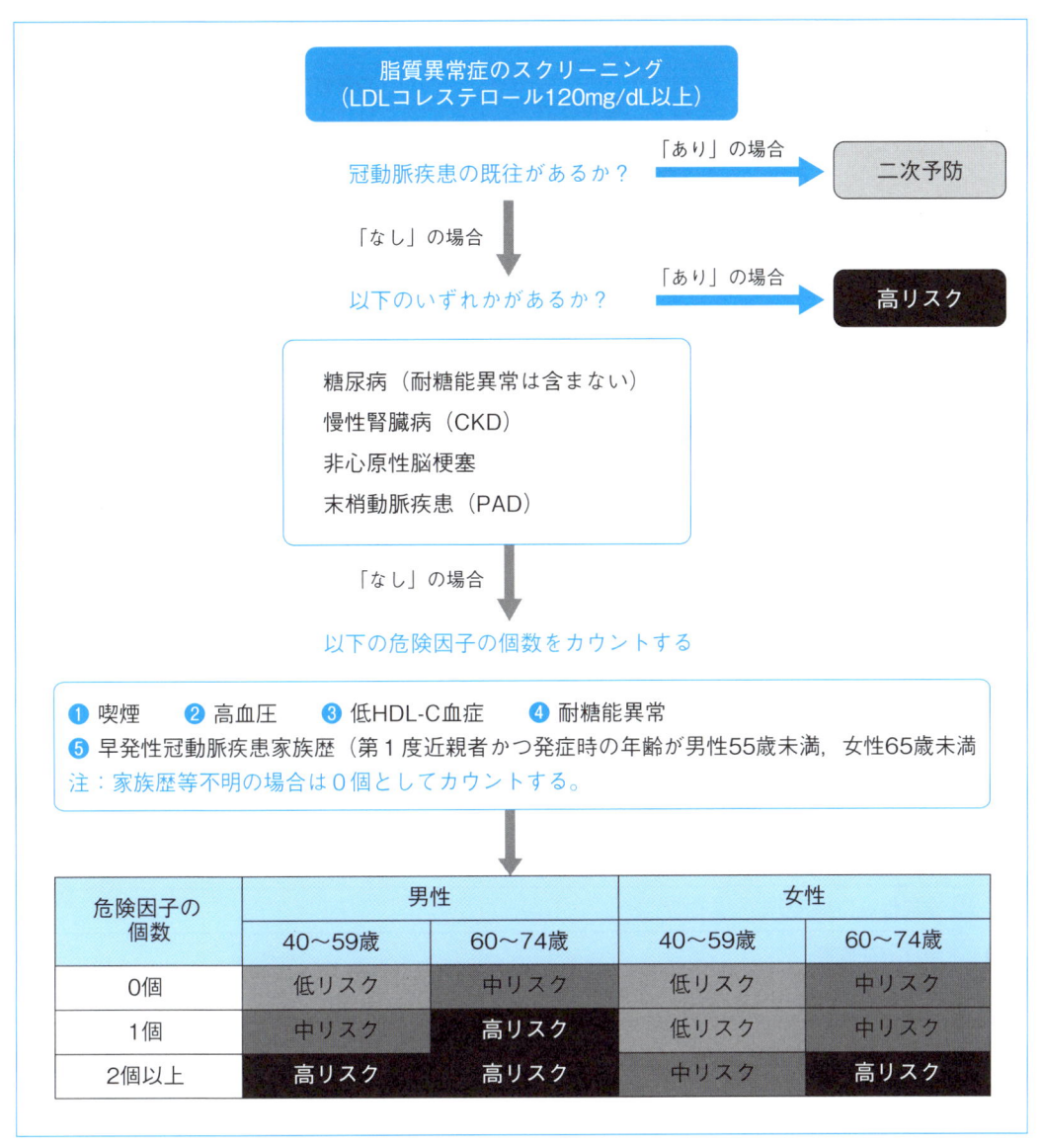

図 1-21　LDL コレステロール管理目標設定のためのフローチャート（危険因子を用いた簡易版）

資料）日本動脈硬化学会：動脈硬化性疾患予防ガイドライン 2017 年版，p.54，2017

(2) 脂質異常症の食事療法

　高コレステロール血症患者のための食事療法の基本は，標準体重を維持するための適正エネルギー，良質の植物性たんぱく質の摂取，豊富な食物繊維とビタミン・ミネラルに加え，適正な脂質の摂取となる。

1) エネルギー

　肥満がある場合には肥満を改善するために，標準体重当たり 25kcal/日を用いる。特に，高齢者は低栄養にも配慮が必要であり，低栄養の指標としても血清コレステロールの低下

表1-24　リスク管理区分別脂質管理目標値

治療方針の原則	管理区分	脂質管理目標値（mg/dL）			
		LDL-C	non-HDL-C	TG	HDL-C
一次予防 　まず生活習慣の改善を行った後，薬物療法の適用を考慮する	低リスク	<160	<190	<150	≧40
	中リスク	<140	<170		
	高リスク	<120	<150		
二次予防 　生活習慣の是正とともに薬物治療を考慮する	冠動脈疾患の既往	<100 (<70) *	<130 (<100) *		

*家族性高コレステロール血症，急性冠症候群の時に考慮する。糖尿病でも他の高リスク病態〔非心原性脳梗塞，末梢動脈疾患（PAD），慢性腎臓病（CKD），メタボリックシンドローム，主要危険因子の重複，喫煙〕を合併する時はこれに準ずる。

●一次予防における管理目標達成の手段は非薬物療法が基本であるが，低リスクにおいてもLDL-Cが180mg/dL以上の場合は薬物治療を考慮するとともに，家族性高コレステロール血症の可能性を念頭においておくこと〔89ページ12「家族性高コレステロール血症（FH）」参照（本書では省略）〕。

●まずLDL-Cの管理目標値を達成し，その後non-HDL-Cの管理目標値の達成を目指す。

●これらの値はあくまでも到達努力目標値であり，一次予防（低・中リスク）においてはLDL-C低下率20～30％，二次予防においてはLDL-C低下率50％以上も目標値となり得る。

●高齢者（75歳以上）については103ページ14「高齢者」を参照（本書では省略）。

資料）日本動脈硬化学会：動脈硬化性疾患予防のための脂質異常症診療ガイド2018年版，p37，2018

表1-25　二次予防においてより厳格な管理が必要な患者病態

a	家族性高コレステロール血症
	急性冠症候群
	糖尿病
b	非心原性脳梗塞
	末梢動脈疾患（PAD）
	慢性腎臓病（CKD）
	メタボリックシンドローム
	主要危険因子の重複
	喫煙

資料）日本動脈硬化学会：動脈硬化性疾患予防ガイドライン2017年版．p.55，2017

がモニタリングされている。したがって，高齢者は30～40kcal/日を用いることを勧める。

標準体重(kg)×25(肥満者，低活動量者)～40(痩せ，高活動量者)(kcal)

＝エネルギー量/日

2）たんぱく質

　動物性たんぱく質，特に四肢をもつ哺乳動物の肉類に含まれる脂肪は，飽和脂肪酸やLDL コレステロールが多いので，肉類の摂取には十分な配慮が望まれる。魚には推奨される脂質が含まれているので，たんぱく質摂取は，魚介類と植物性たんぱく質の摂取を推奨する。

　　　標準体重（kg）×1.0〜1.5（g）＝たんぱく質量（g/日）

3）脂質

　脂質は，飽和脂肪酸（ラード，ヘットなど）や工業的な製品のトランス脂肪酸（マーガリン，スナック菓子など）を避けて，n-3 系不飽和脂肪酸（EPA，DHA：魚油，エゴマ油など）や一価不飽和脂肪酸（オレイン酸：オリーブ油など）を推奨する。コレステロール量は200mg/dL 未満/日を目標量とするが，この数値を上限量とするのではなく，日々の食事の中でコレステロール含有量の多い動物性脂肪などを控えた内容を推奨する。

　　　エネルギー量/日（kcal）×25％÷9＝脂質量（g/日）

4）炭水化物

　中性脂肪が高値の場合，果糖含有量の多い食品を控える。食物繊維は毎食積極的に摂取することを推奨し，胆汁の腸肝循環を断ち切り，糞便中に胆汁を排泄させ，胆汁の由来となる 7- デヒドロコレステロールを血中から肝臓に取り込み，血中コレステロールを低下させる。

　　　エネルギー量/日（kcal）×60％÷4＝炭水化物量（g/日）

5）その他

　抗酸化作用のあるビタミン・ミネラルは積極的に摂取し，動脈硬化性疾患の予防に努める。

　少量飲酒は HDL コレステロールを増やし，動脈硬化性疾患のリスクを減少させるという報告があり，男性ではビール中瓶 1 本，日本酒 1 合，ワイングラス 2 杯程度（女性では全体に少なめ，表 1-26）のいずれかが目安となる。しかし，アルコールはトリグリセライドを上昇させるので，高トリグリセライド血症の患者は，原則禁酒とする。

表 1-26　夫と二人暮らし高齢者女性の脂質異常症事例

事例	70歳女性 脂質異常症，高血圧	家族構成と家族歴	
職業	無職（家事）	71歳の夫と二人暮らし	
身体状況	身長152cm，体重62kg，BMI25.2 腹囲90cm，血圧134/83mmHg	家族歴	娘二人は独立している
身体状況	【生化学データ】 AST 58U/L，ALT 75U/L，γGTP 70U/L，HDLコレステロール55mg/dL，LDLコレステロール133mg/dL，トリグリセライド198mg/dL，空腹時血糖92mg/dL，HbA1c 5.7%，BUN 13.6mg/dL，クレアチニン0.61mg/dL，尿酸6.2mg/dL		
身体所見	頸動脈エコー：両側頸動脈1.2mmの肥厚，ソフトプラークあり		
既往歴	18年前にコレステロール値が高めといわれ，10年前，LDLコレステロール値が226mg/dLで脂質異常症と診断され，スタチンにて治療開始 出産以外の入院歴なし。住民健診にて12年前より収縮期血圧156mmHgで高血圧と診断され，ARB（アンジオテンシンⅡ受容体拮抗薬）で薬物治療を開始した		
		市販薬	
経緯	夫が70歳まで会社役員をしていたので，経済的に不安はない。晩酌につき合っている（ビール350mL1缶，ワイン3杯程度）。外出は夫の運転で助手席。趣味の絵手紙と書道を続けている。長女は他県で生計を立て，3〜4か月に一度程度会う。週末に次女（40歳）と孫（12歳）がよく来ていたが，孫の習い事が忙しくなり，最近は来ない いまだにお中元・お歳暮で加工肉やアルコール飲料などが届く 夫中心の食生活で，夫は野菜嫌い，肉を好む。自身はオリーブ油などを使い，野菜ジュース1回/日飲み，健康には気を付けてきたつもり		
栄養診断	BMI25.2，動物性脂肪・アルコールの摂取が多く，食物繊維不足，運動不足であることから（S），適切な食物・飲料に関わる食物・飲料に関連した知識不足が原因となった（E），経口摂取量過剰の状態である（P）と栄養診断できる		
栄養介入	1）経口摂取量過剰 加工肉は，できる限り2人の娘に譲り，1日1回は主菜を魚料理にする 毎食野菜料理を1品以上加える（野菜料理のレシピ集を配布） まずはワインを1杯か2杯にする 2）身体活動不足 トレーニングジムのシニアコースを検討する（ジムのパンフレットを配布） 夫と一緒にウォーキングを開始		
まとめ	夫がキーマンになるので，指導時に一度は同席していただく 2人とも知識と理解力が高いので，専門性が高い，正しい情報提供が重要 夫をコントロールして，本人の生活習慣を是正していく 孫の成長を動機づけ・意欲向上につなげる		

●引用文献 ────────────────────

1) 厚生労働省：平成 28 年国民健康・栄養調査報告，2018
2) 日本糖尿病学会：糖尿病の死因に関する委員会報告，2017
3) 日本糖尿病学会：糖尿病治療ガイド 2016-2017，文光堂，2016
4) 日本糖尿病療養指導士認定機構：糖尿病療養指導ガイドブック 2017，メディカルレビュー社，2017
5) 各種病態時の栄養とその管理，成人病と生活習慣病 **42**，172-174，2012
6) 日本動脈硬化学会編：動脈硬化性疾患予防ガイド 2017 年版，2017
7) 日本動脈硬化学会編：動脈硬化性疾患予防のための脂質異常症診断ガイド 2018 年版，2018

3 循環器系・腎臓の疾患と障害

1 高血圧

　高血圧は，それ自体は無症状であることが多いが，高血圧状態が継続することで脳出血や脳梗塞といった脳血管疾患や心臓病の原因となる。また，身体が不自由になり，食事や排泄，入浴などの日常生活動作（ADL；activity of daily living）が困難になると，介護保険による要支援・介護認定を受けるが，介護などを必要とする状態となる原因疾患のうち最も多いものは認知症であり，次いで脳血管疾患である。日本人では，高血圧が脳血管疾患の最大の危険因子であり，認知症においても，高血圧，糖尿病といった循環器病危険因子が関連することが明らかとなってきている。ADLの低下，要介護状態を予防するためには，高血圧の予防と高血圧患者における適切な管理が非常に重要である。

(1) 高血圧の診断基準とその他の危険因子・既往

　高血圧は，その後の循環器病の発症リスクとの関連に基づいて診断基準が示されている（表 1-27）。医療機関や健診会場での血圧値（診察室血圧）により，高血圧と診断される場合が多いが，家庭血圧のほうが循環器病発症リスクとより強く関連する。診察室血圧が高血圧であるが家庭血圧が正常である人（白衣高血圧という）は，正常血圧者として対応するが，診察室血圧が正常であるが家庭血圧が高血圧である人（仮面高血圧という）は，高血圧者として治療の対象となる。

表 1-27　成人における血圧値（mmHg）の分類

	収縮期血圧		拡張期血圧
診察室血圧			
正常血圧	<120	かつ	<80
正常高値血圧	120〜129	かつ	<80
高値血圧	130〜139	かつ/または	80〜89
Ⅰ度高血圧	140〜159	かつ/または	90〜99
Ⅱ度高血圧	160〜179	かつ/または	100〜109
Ⅲ度高血圧	≧180	かつ/または	≧110
（孤立性）収縮期高血圧	≧140	かつ	<90
家庭血圧			
正常血圧	<115	かつ	<75
高値血圧	125〜134	かつ/または	75〜84

資料）日本高血圧学会高血圧治療ガイドライン作成委員会編：高血圧治療ガイドライン 2019，日本高血圧学会，p.18，2019　一部改変して転載

　循環器病の発症予防においては，高血圧だけでなく，糖尿病や脂質異常症の有無や，心血管病の既往の有無（表1-28）を考慮して，治療方針が決定される。高リスクの患者においては，ただちに薬物治療が開始されるが，薬物治療中の患者においても生活習慣の修正は，薬の効きをよくするなどの効果が認められている。いずれの高血圧患者においても栄養を含めた生活習慣の修正は，血圧値の管理に重要である。

（2）生活習慣の修正

　高血圧患者における生活習慣の修正項目を表1-29に示した。栄養面においては，「減塩」，「野菜・果物の積極的摂取」，「コレステロールや飽和脂肪酸の摂取を控える」，「魚の積極的摂取」，および「節酒」が挙げられている。このうち野菜・果物の摂取は，カリウムと食物繊維の摂取を主な目的としている。コレステロールや飽和脂肪酸の削減，魚の摂

表1-28　高血圧以外の危険因子，臓器障害

①高血圧以外の循環器疾患危険因子の有無
　　喫煙
　　脂質異常症　　低 HDL コレステロール血症（＜40mg/dL）
　　　　　　　　　高 LDL コレステロール血症（≧140mg/dL）
　　　　　　　　　高トリグリセライド血症（≧150mg/dL）
　　肥満（BMI≧25）（特に腹部肥満）
　　糖尿病
②臓器障害
　　脳血管疾患の既往（脳出血，脳梗塞，一過性脳虚血発作）
　　心臓病の既往（狭心症，心筋梗塞，心不全）
　　腎臓病（たんぱく尿，eGFR 60mL/分/1.73m^2 未満，CKD）
　　血管（頸動脈中膜の肥厚，大動脈瘤，大動脈解離）

表1-29　生活習慣の修正項目

①減塩：　　食塩 6g/日未満
②食事パターン：　野菜・果物の積極的摂取*，飽和脂肪酸・コレステロールの摂取を控える，多価不飽和脂肪酸，低脂肪乳製品の積極的摂取
③適正体重の維持：　BMI〔体重（kg）÷身長（m）^{2}〕が 25 未満
④運動療法：　軽強度の有酸素運動（動的および静的筋肉負荷運動）を毎日 30 分，または週 180 分以上
⑤節酒：　エタノールとして男性 20～30mL/日以下，女性 10～20mL/日以下
⑥禁煙　（受動喫煙の防止も含む）

注）生活習慣の複合的な修正はより効果的である。
*カリウム制限が必要な腎障害患者では，野菜・果物の積極的摂取は推奨しない。肥満や糖尿病などのエネルギー制限の必要な患者における果物の摂取は 80kcal/日程度にとどめる。
資料）日本高血圧学会高血圧治療ガイドライン作成委員会編：高血圧治療ガイドライン 2019，日本高血圧学会，p.64，2019　一部改変して転載

取にも高血圧予防効果が報告されているが，減塩，カリウム摂取量増加により期待できる効果のほうが大きい。高 LDL コレステロール血症や高トリグリセライド血症を合併する患者においては，コレステロールや飽和脂肪酸摂取への注意も必要だが，血圧値の管理においては，減塩とカリウム摂取量の増加にまず着目するとよい。

1）減塩

　食塩の摂取過剰は，血圧上昇の原因となる。また，減塩による降圧効果は，正常血圧者よりも高血圧患者で，若年者よりも高齢者で大きく，高血圧患者では積極的な減塩が必要である。「高血圧治療ガイドライン 2019」では 1 日 6g を減塩目標としているが，成人の 1 人 1 日当たり平均食塩摂取量は約 10g であり（平成 28 年国民健康・栄養調査），単に患者に「薄味に」と指示するだけでは有効な減塩はむずかしい。患者にとってどのような食事が過剰な食塩摂取の原因になっているのか，実行可能で効果のある減塩手段は何なのかを知る必要がある。患者の食傾向把握のためには，詳細な栄養調査のほか，食傾向問診票を使うのもよい。

　表 1-30 に，詳細な栄養調査を行った栄養疫学研究である INTERMAP 研究から，日本人の食塩摂取源を多いものから順に示した。しょうゆを調理や食卓でよく使う，白ご飯を漬物や梅干しなど「ご飯の友」と食べることが習慣化している，魚は塩鮭，塩さばなど塩干魚が多く，みそ汁や汁麺（うどん，そば，ラーメン）もよく食べるといった食習慣が，高塩分摂取と結びつきやすいことがわかる。この研究ではほかに，野菜は煮物にすると高塩分になりやすいが，生や炒め物で食べると食塩摂取が控えやすいこと，また，食塩摂取量の少ない人では，パンや牛乳の摂取量が多く洋食傾向の食事であることもわかった。

表 1-30　日本人の食塩摂取源
食塩の半分を，和風高塩分食品から摂取している（INTERMAP 研究）

食　品	食塩量（g/日）
しょうゆ	2.05
漬物，佃煮	1.38
食塩	1.01
塩干魚，魚介缶詰	1.01
みそ汁	0.83
麺類の汁（うどん，そば，ラーメン）	0.67
パン	0.41
魚練り製品（かまぼこ，ちくわ）	0.34
ハム，ソーセージ	0.28

資料）Okuda N, et al.: Eur J Nutr **56**: 1269-1280, 2017

　減塩のための食習慣改善の例を表1-31の「減らすべき食品，食べ方」に示した。「しょうゆを控える」，「薄味にする」ための方法として，「しょうゆさしを食卓に置かない」，「みそ汁は1日1杯まで，みそは計量スプーンで測って使う」など，実施できたかを，客観的に確認できるような改善目標がよい。同じ食材であっても，長時間煮ずに短時間で調理する炒め物で食べる，煮魚ではなくムニエルにするなど，調理法の違いで薄味の料理にできることも説明するとよい。

2) カリウム摂取量の増加

　カリウムは，摂取量を増やすと，高血圧者では血圧値が低下する。世界保健機関（WHO）は，高血圧予防のためのカリウム摂取目標量を成人1日当たり3,510mg以上としている。「日本人の食事摂取基準2015年版」では，カリウムの1日分摂取目標量を男性3,000mg，女性2,600mgとしているが，これは現状の平均摂取量が低いことを考慮して低めに設定したものであり，「日本人の目標量を摂取すれば十分」ということではない。

表1-31　減塩とカリウム摂取量増加を目的とした食事指導のポイント

	食事指導の例
●減らすべき食品，食べ方	食卓にしょうゆさしを置かない
食卓でしょうゆを使う	しょうゆを計量スプーンで測って使う
濃い味の煮物	1日1杯まで　みそを計量スプーンで
みそ汁	測って使う
漬物	1日10gまで
塩干魚	1週間に1回まで
麺類（ラーメン，うどん，そば）	1週間に1杯まで
塩分の過剰摂取になるとともに，副食が	
少なくカリウム不足になりやすい	
野菜の煮物	1週間に2回まで
塩分が浸み込んで高塩分になりやすい	
●増やすべき食品，食べ方	
低塩調味料や低ナトリウム/カリウム比調	
味料に変える	
野菜	1日につき1品増やす
生で食べるサラダや，短時間で調理し塩	
分が浸み込まない炒め物がよい	
果物	1日1回は摂る
脂身の少ない赤身の肉	脂身つきの肉から替える
鮮魚	塩干魚から替える
豆腐，大豆製品	1日1回は摂る
牛乳	1日1回摂る
お茶，コーヒー	砂糖入り飲料やミネラルウォーター，
	スポーツ飲料から替える

表 1-32 に，カリウムを多く含む食品の例を示した。カリウムは野菜や果物に多く含まれているほか，細胞内液に最も多く含まれる陽イオンであるため，動物性食品も重要なカリウム摂取源になる。カリウムは筋肉組織に多く脂肪組織に少ないため，肉や魚では脂身の少ない部位に多く，脂肪分の多い部位に少ない。

特に，男性患者の食事指導においては，野菜の摂取を増やすのは「外食が多い」，「忙しくて，野菜をスーパーで買い，調理するのは無理」，「好きでない」といった理由でむずかしいことが多い。こうした患者に対しては，「穀類や主菜に偏りがちで，副菜をあまり食べず増やすのも困難」という食習慣を前提とした食事指導も考える必要がある。

具体的には，肉や魚では，可食部 100g 当たりの牛肉の「肩 赤肉（320mg）とサーロイン脂身つき（180mg）」，まぐろの「赤身（380mg）とトロ（230mg）」などの比較より明らかなように，同じ魚種，畜肉でも脂肪分の少ないものを選ぶことにより，数百 mg のカリウム摂取増加は可能である。減量の必要な患者においては，脂肪分の少ない肉や魚を選ぶことが，カリウム摂取増加とエネルギー制限の両方において有利であることがわかる。豆腐など大豆製品も優れたカリウム摂取源である。飲み物であれば，牛乳は 1 杯で 200mg 以上のカリウム補給が可能である。チーズは，製造時にカリウムを含む乳清が取り除かれており，カリウム含有量は少ない。コーヒーやお茶は，それぞれコーヒー豆，茶葉の浸出液であり，カリウムを含む。水分補給時に，ミネラルウォーターやスポーツ飲料，清涼飲料水よりも，コーヒーやお茶を飲むことが，カリウム摂取にある程度寄与すると考えられる。

麺類や丼ものが多い食生活では，野菜不足，カリウム不足になりやすく，主食・主菜・副菜の揃った食事が望ましい。歯が悪いなど生野菜が苦手であれば，蒸し野菜や炒め野菜が塩分摂取量をあまり増やさずにカリウム摂取量を増やせる食べ方である。

3）ナトリウム/カリウム摂取量比の低下

これらの指導を組み合わせて食生活全体で食塩を減らし，カリウムを増やすことを考える。ナトリウム/カリウム摂取量比を下げることで，血圧値は低下する。カリウムを添加することで，ナトリウム/カリウム比を低下させた減塩調味料を使うのもよい。患者の食生活のモニタリングとしては，尿検査時にナトリウム濃度（mEq）とカリウム濃度（mEq）を測定し，ナトリウム/カリウム比（mEq/mEq）を算出すると，減塩・カリウム摂取増加の目安となる。

4）その他の血圧低下効果のある栄養素や食品

①**食物繊維**　植物性の食品に含まれるが，動物性食品には含まれない。野菜や果物，豆類を豊富に摂取すると摂ることができる。果物は，果汁よりも果実で摂取すると食物繊維を多く摂れる。ただし，糖質の多い果物は，糖尿病患者では摂りすぎに注意が必要である。

表1-32 カリウムを多く含む食品

	100g 当たり		1回量(g)	1回量当たり	
	エネルギー(kcal)	カリウム(mg)		エネルギー(kcal)	カリウム(mg)
野菜					
キャベツ 生	23	200	50	12	100
きゅうり	14	200	50	7	100
大根 生	18	230	50	9	115
ほうれん草 生	20	690	50	10	345
果物, 果汁					
いちご	34	170	80	27	136
みかん	45	130	100	45	130
りんご	57	120	100	57	120
りんご ストレートジュース	44	77	150	66	116
海藻, 大豆					
乾燥わかめ 水戻し	17	260	30	5	78
大豆 茹で	176	530	40	70	212
絹ごし豆腐	56	150	100	56	150
納豆	200	660	40	80	264
魚介類					
まいわし 生	169	270	80	135	216
しろさけ 生	133	350	80	106	280
さば 生	247	330	80	198	264
ひらめ 生	103	440	80	82	352
まぐろ 赤身	125	380	80	100	304
まぐろ 脂身 (とろ)	344	230	80	275	184
するめいか 生	83	300	80	66	240
肉					
牛肉 肩 赤肉	201	320	80	161	256
牛肉 サーロイン 脂身つき	498	180	80	398	144
豚肉 ばら 脂身つき	395	240	80	316	192
豚肉 もも 赤肉	128	370	80	102	296
鶏肉 もも 皮付き	204	290	80	163	232
鶏肉 ささみ	105	420	80	84	336
飲料					
普通牛乳	67	150	150	101	225
煎茶 浸出液	2	27	150	3	41
コーヒー 浸出液	4	65	150	6	98

資料) 文部科学省科学技術・学術審議会資源調査分科会：日本食品標準成分表2015年版（七訂），全官報，2015

②**マグネシウム** 大豆に多く含まれる。豆腐など，大豆製品を1日に1食は食べるようにする。

③**カルシウム** 牛乳から摂取することも勧められる。肥満や高 LDL コレステロール血症がなければ普通牛乳を，飽和脂肪酸の摂取制限が必要であれば低脂肪牛乳を摂るとよい。ヨーグルトも，よいカリウム，カルシウム摂取源になる。

④**魚**　脂肪分の多いもの，少ないものがあるが，一般に肉と比べると，魚のほうが脂肪分が低くエネルギー量が少ない。魚に多く含まれる多価不飽和脂肪酸に高血圧改善効果があることが報告されている。このため，エネルギー制限の必要がある，あるいは高LDL コレステロール血症や高トリグリセライド血症がある場合は，主菜を肉から魚に変えることが勧められる。ただし，塩干魚やしょうゆを多く使う煮魚が増えると，食塩摂取量が多くなりがちである。ムニエルなど洋風の調理を勧める，刺身のつけじょうゆを控えめにする，煮魚の味付けを控えめにする（減塩しょうゆを使う）など，減塩の注意を忘れないようにする。

5）節酒

　高血圧の予防，改善に適切な飲酒量は，アルコール量として男性では 1 日 20〜30mL，女性ではその半分程度である。20〜30mL のアルコール量は，日本酒であれば 1 合（180mL），ビールであれば 500mL に相当し，適量飲酒は 1 週間で 7 合までである。血圧に悪影響が現れるこのアルコール量は，肝機能障害予防のための量とも同じ水準である。肝機能障害や高トリグリセライド血症のある患者では，積極的に節酒を勧める。

　アルコールは，依存性のある薬物であり，禁煙同様に一律に制限するのはむずかしい。「毎日 1 合までに飲酒量を減らす」，「週に 2 日休肝日とし，他の日は 1 日 1.5 合程度飲む」など，「どうすれば 1 週間の合計で飲酒量を減らせるか」を患者自身に考えさせ，目標を決めさせるのがよい。

6）適切な体重管理

　患者の適切な体重については，患者の現在の体格（普通体重であるか，肥満であるか）だけでなく，過去からの体重推移と血圧水準の推移も参考にする。現在，普通体重の範囲であっても，体重増加に伴い血圧値が上昇するという経過のあった患者では，適度な減量が勧められる。高血圧の改善に有用な栄養素摂取を確保しつつ，総エネルギー摂取量を減らすことを考える。

2　慢性腎臓病（CKD）

(1) CKD と高血圧

　CKD（chronic kidney disease）は，検尿異常（たんぱく尿，血尿），CT 検査や腎生検により示される腎障害の存在，また糸球体濾過量（GFR）60mL/分/1.73m^2 未満の腎機能低下が 3 か月以上持続することと定義されている。CKD の 3 大原因は，①高血圧性腎硬化症，②糖尿病性腎症，そして様々な腎疾患に起因する③慢性糸球体腎炎である。CKD の進行に伴い GFR が低下すると，生命維持のために透析治療を必要とすることと

なり，患者の QOL は低下する。QOL 維持のため CKD の悪化防止は重要である。

　CKD のステージ分類を表 1-33 に示した。検尿異常や GFR の低下がない状態であっても，高血圧患者は CKD の高リスク群であり，生活習慣上，CKD を予防する注意が必要である。

(2) CKD と生活習慣の修正

　CKD の治療において，生活習慣の修正は最も重要であり，減塩，適正体重の維持，禁煙が基本となる。GFR は，血液検査で測定する血清クレアチニン値と性別，年齢により計算される。高血圧や肥満，喫煙習慣など CKD 危険因子をもつと，GFR は低下のスピードが早くなる。血圧値や体重の推移とともに，カルテに記載される血清クレアチニン値，GFR 値にも注意しておく。

表 1-33　CKD の重症度分類

原疾患		蛋白尿区分		A1	A2	A3
糖尿病		尿アルブミン定量（mg/日）		正常	微量アルブミン尿	顕性アルブミン尿
		尿アルブミン/Cr 比（mg/gCr）		30 未満	30〜299	300 以上
高血圧 腎炎 多発性嚢胞腎 移植腎 不明 その他		尿蛋白定量（g/日）		正常	軽度蛋白尿	高度蛋白尿
		尿蛋白/Cr 比（g/gCr）		0.15 未満	0.15〜0.49	0.50 以上
GFR 区分（mL/分/1.73m²）	G1	正常または高値	≧90			
	G2	正常または軽度低下	60〜89			
	G3a	軽度〜中等度低下	45〜59			
	G3b	中等度〜高度低下	30〜44			
	G4	高度低下	15〜29			
	G5	末期腎不全（ESKD）	<15			

重症度は原疾患・GFR 区分・蛋白尿区分を合わせたステージにより評価する。CKD の重症度は死亡，末期腎不全，心血管死亡発症のリスクを緑▉のステージを基準に，黄▉，オレンジ▉，赤▉の順にステージが上昇するほどリスクは上昇する。

資料）日本腎臓学会編：エビデンスに基づく CKD 診療ガイドライン 2018, 東京医学社, 2018

1) たんぱく質とカリウム

　ステージ 3a（GFR45〜59）では 0.8〜1.0g/kg 標準体重/日，ステージ 3b 以降（GFR44 以下）では 0.6〜0.8g/kg 標準体重/日のたんぱく質制限が推奨される。腎障害に伴いカリウム排泄能が低下すると高カリウム血症を来し，これにより誘発される不整脈を予防するためにカリウム制限が必要となる。しかし，カリウム排泄能が低下しない段階においては，カリウム制限は不要である。「慢性腎臓病に対する食事療法基準 2014 年版」では，ステージ 3b（GFR44 以下）で 1 日 2,000mg 以下のカリウム制限を推奨しているが，高カリウム血症の出現には薬剤の影響や糖尿病の合併など様々な要因が影響する。カリウム制限は一律に行うのではなく，主治医の判断を求めるのがよい。

　カリウム制限に先行してたんぱく質制限が開始されるが，たんぱく質源である食品（肉，魚，大豆）は同時にカリウムも多く含むため（表 1-32），たんぱく質制限を行うとカリウム摂取量も減少する。また，日本人の平均カリウム摂取量は男性で 2,500mg/日，女性で 2,200mg/日程度であることを考えると，元々大量に野菜や果物を摂取している人を除けば，ビタミンや食物繊維の摂取源である野菜や果物の摂取制限や茹でこぼしなどを一律に指導する必要はない。

2) 栄養指導例

　高血圧は，日本人において最も有病率の高い循環器病危険因子であり，様々な生活習慣をベースに発症し，脂質異常症など他の危険因子を合併することも多い。タイプ別に栄養指導例を考えてみよう。

　まず，和食傾向で高血圧，非肥満の事例である（表 1-34）。

　肥満者の多い欧米では，肥満をベースとした高血圧発症が多いが，日本人では非肥満の高血圧者が多い。これらの患者では，減塩とカリウム摂取量増加，身体活動量の増加が指導の基本となる。

　次に，肥満で耐糖能異常を合併した事例である（表 1-35）。

　若年での高血圧発症は，肥満が根幹にあることが多く，耐糖能異常や 2 型糖尿病を合併していることも多い。体重コントロールが重要なこうした症例では，食行動の聞き取りとともに，数日間の記録法による栄養調査を行うなど，量的評価の可能な栄養調査を行うのが望ましい。

①**診断**　肥満，耐糖能異常，高 LDL コレステロール血症，高トリグリセライド血症を合併した I 度高血圧症である。病態の根本に，エネルギー摂取過剰，低い身体活動量があると考えられる。子どもが多く，家での食事は子ども中心のものになっている。夕食も肉が多く高カロリー。肥満を気にして，朝食と昼食は食べすぎないようにしているが，職場で空腹感が強くなるとチョコレートなど間食をしてしまい，体重コントロールはできていない。3 度の食事で主食を適切に食べず，間食が増えている。おかずが多く，運

表1-34　和食傾向で高血圧，非肥満高齢者の事例

事例	63歳男性	家族構成と家族歴	
職業	定年後アルバイト勤務（週3日），軽作業		
身体状況	身長164cm，体重60kg， BMI 22.3，腹囲85cm	家族歴	
	【血圧・生化学データ】 血圧162/90mmHg（未治療），脂質・耐糖能異常，肝機能・腎機能に異常を認めない		
既往歴	定年前より健診で「血圧が高め」と言われていたが， 特に受診はしなかった	市販薬	特になし
経緯	タバコは1日20本吸っていたが，48歳時に禁煙した 体重は定年前より3kg増えた 高血圧について初めて受診した		
食生活状況	食事は米飯とおかずの和食が多いが，週に3回はラーメンを食べる みそ汁は1日1杯，米飯のときは漬物にしょうゆをかけて食べる 肉より魚が多く，週に5回は塩ざけなど塩干魚か煮魚を食べる 大根の煮物など，しっかり味のしみ込んだ煮物が好き 飲み物はお茶を飲む，酒は飲まない 勤務日以外はほとんど外出しない		
栄養診断	ナトリウム（食塩）摂取量過剰〔NI-5.10.2(7)〕である		

動不足。これらの結果，摂取エネルギー過剰になっている。

②**指導**　体を動かす習慣をつける。1日5,000歩以上歩く。3食のバランスを考え，まず，朝食を毎日食べる。昼食は，おにぎり2個とスープ，またはサラダを食べる。夕食の主菜が多いので，1つにする。

③**モニタリング・評価**　朝は妻が子どもの世話で忙しいのだが，自分でシリアルを何種類か買い，毎朝シリアルと牛乳を摂ることにした。昼食はおにぎり2個に増やした。間食はやめた。前日のお酒の量で昼食の調整をするようにした。付き合いで飲酒の機会が多いが，途中にウーロン茶を挟むなどペースを抑える，つまみには脂肪分の多いものを控えるなど，工夫をすることで血液検査の数値が下がることがわかり，励みになっている。1日最低5,000歩は歩いている。電車の駅1つ分歩くこともある。6か月で体重は4kg減り，HbA1Cは6.1％になった。肝機能の数値はすべて基準範囲となり，トリグリセライド（中性脂肪）値は152，LDLコレステロール値は164に低下した。直近の血圧値は，144/86mmHgである。

表 1-35　肥満で耐糖能異常の事例

事例	46 歳男性	家族構成と家族歴	
職業	会社員（事務職）	本人　□———○妻 　子　子　子　子	
身体状況	身長 167.3cm，体重 83.9kg，BMI 30.0，腹囲 100cm		
	【血圧・生化学データ】 血圧 152/92mmHg（未治療），トリグリセライド 172mg/dL，LDL コレステロール 176mg/dL，HDL コレステロール 43mg/dL，空腹時血糖 124mg/dL，HbA1c 6.4%，AST 83IU/L，ALT 232 IU/L，γ-GT* 136 U/L	家族歴	妻と子ども 4 人
既往歴		市販薬	特になし
経緯	20 歳代より体重は 15kg ほど増えている ふだんほとんど歩かない。運動は嫌い。月に 1 回以上行う運動はない タバコは吸わない		
食生活状況	朝食欠食 3 回/週以上。夕食後の間食 3 回/週以上 昼食：おにぎり 1 個とわかめ・春雨スープまたは野菜サラダ 間食：お腹が空いたらチョコレート 夕食：ご飯抜き，おかずと酒。主菜は牛肉・豚肉・鶏肉の 3 種		
栄養・食品摂取量	エネルギー摂取量 3,632kcal，たんぱく質 121g，脂質 131g PFC 比　13%：33%：54% 野菜 350g/日，脂肪の多い肉 127g/日		
栄養診断	運動不足，経口摂取量過剰（3,632kcal）であることから（S），肥満で耐糖能高値が要因となった（E），エネルギー摂取量過剰（P）（NI-1.3）である		

* γ-GT：ガンマ - グルタミルトランスフェラーゼ。基準範囲は，男性 12～65U/L，女性 9～38U/L。高値ではアルコール性肝障害などが考えられる。

● 文献

1）日本高血圧学会高血圧治療ガイドライン作成委員会編：高血圧治療ガイドライン 2014，日本高血圧学会，2014
2）高血圧・循環器病予防療養指導士認定委員会：よくわかる高血圧と循環器病の予防と管理―高血圧・循環器病予防療養指導士認定試験ガイドブック―，社会保険研究所，2016
3）岡山　明，上島弘嗣，岡村智教，他：健康教育マニュアル，日本家族計画協会，2014
4）日本腎臓学会：CKD 治療ガイド 2012，東京医学社，2012
5）文部科学省科学技術・学術審議会資源調査分科会：日本食品標準成分表 2015 年版（七訂），全官報，2015

4 がんの緩和ケア・終末期医療 (ターミナルケア)

1) がんの栄養管理

　がんの栄養管理については，病院での治療による栄養管理だけでなく，退院後の介護現場での緩和ケアや終末期医療が重要である。本項は，特に QOL を考慮し，病態に応じた栄養管理を中心に述べる。

　WHO（世界保健機関）では「緩和ケアとは，生命を脅かす疾患による問題に直面している患者とその家族に対して，痛みそのほかの身体的問題，心理的社会問題，スピリチュアルな問題を早期に発見し，的確なアセスメントと対処（治療・処置）を行うことによって，苦しみを予防し，和らげることで，生活の質（QOL）を改善するアプローチである」（2002 年）と定義されている。また，日本緩和医療学会による市民に向けた緩和ケアの説明文では，「重い病を抱える患者やその家族の一人ひとりの身体や心など様々なつらさを和らげ，より豊かな人生を送ることができるように支えていくケア」としている。がん患者に対しての緩和ケアは，がんと診断を受けたときから身体的・精神的な苦痛を和らげるためのケアであり，栄養管理は，患者やその家族の QOL を考慮し病態に応じて実施することが重要である（表 1-36）。

　全国のがん診療連携拠点病院を中心に，緩和ケアチームがある。緩和ケアチームは，担当医師，看護師，薬剤師，管理栄養士，臨床心理士，理学療法士，ケースワーカーなどがチーム一丸となって患者とその家族を支援しているが，栄養管理を担当する管理栄養士は栄養管理に関わる様々な問題に対応し，さらには地域包括ケアシステムとして施設や在宅での栄養管理にも対応する必要がある。

2) がん終末期における栄養不良

　がん終末期の栄養不良には，食事が摂れないエネルギー不足によるものと，代謝異常などによるものがある。病態による栄養障害は，消化器出血や消化管狭窄・閉塞に起因するもの，高カルシウム血症，転移による臓器障害などに起因する栄養必要量低下の場合に起こる。

3) がん悪液質の代謝と栄養

　定義としては，「がん悪液質は，栄養療法で改善することが困難な著しい筋肉量の減少がみられ，進行性に機能障害をもたらす（脂肪組織の減少の有無にかかわらず）複合的な栄養不良の症候群で，病態生理的には，栄養摂取量の減少と代謝異常によってもたらされるたんぱく質およびエネルギーの喪失状態である」とされている。特に，消耗性疾患患者

表1-36　終末期がん患者の経口摂取低下に対して検討するべき主な緩和治療

病　態	治　療
状況要因	
におい，味，量の不都合	環境整備，栄養士による食事の工夫
緩和されていない苦痛（疼痛など）	苦痛緩和
医学的要因	
口内炎	口腔衛生，抗真菌薬（口腔カンジダ症），歯科衛生士・歯科医による治療
感染症	抗菌薬
高 Ca 血症	ビスホスホネート，輸液
高血糖	血糖補正
低栄養	栄養管理
便秘	下剤
消化管閉塞	外科治療，ステント治療，ソマトスタチン，ステロイド
胃十二指腸潰瘍，胃炎	プロトンポンプインヒビター（PPI），H_2 ブロッカー
薬物	薬剤の変更，制吐薬
胃拡張不全症候群	メトクロプラミド
頭蓋内圧亢進	放射線治療，ステロイド，浸透圧利尿薬
精神的要因	
抑うつ・不安	精神的ケア，向精神薬

資料）日本緩和医療学会緩和医療ガイドライン委員会編：終末期がん患者の輸液療法に関するガイドライン2013年版，金原出版，p.6，2013

にみられる栄養不良症候群のがん患者は，28〜57% が悪液質となる。その特徴は，進行性の筋肉量減少，経口摂取量の低下と種々の代謝変化，食欲不振や原疾患の影響，治療による有害事象による代謝変化，炎症反応，たんぱく質・脂肪分解の増加，潜在的に進行する身体機能低下（サルコペニア），QOLの悪化，治療毒性の増強，予後の悪化などがある。悪液質のステージ（図 1-22）は，代謝異常が軽度から高度になるに従って前悪液質，悪液質，高度の代謝障害・異化と進み，治療抵抗性の不応性悪液質となる。高度の浮腫，多量の胸水，腹水がある場合や，予後 2 週間程度と判断される場合での過剰な水分やエネルギーなどの投与を抑制することで，身体機能に対する負担を軽減できる。

4）緩和治療期の患者に適切な栄養投与量の投与方法

　エネルギー量は，代謝異常が軽度では通常の栄養量を設定し，代謝異常が高度になる段階で投与量を減少する。がん患者の安静時エネルギー消費量は，ESPEN ガイドラインでは，炎症反応が高度な症例で安静時エネルギー消費量（REE）の亢進がみられるが，一般に活動性低下により総エネルギー消費量は低下しているとした。通院の場合，30〜

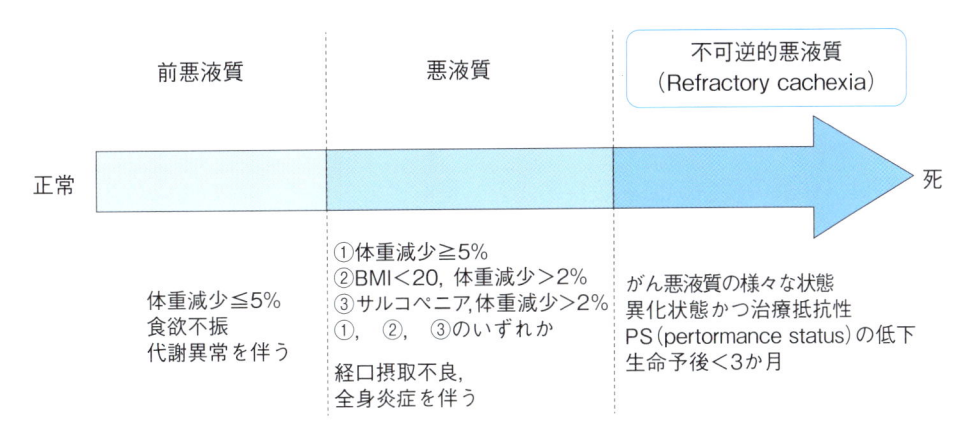

前悪液質

悪液質

不可逆的悪液質
（Refractory cachexia）

正常

死

体重減少≦5%
食欲不振
代謝異常を伴う

①体重減少≧5%
②BMI＜20, 体重減少＞2%
③サルコペニア,体重減少＞2%
①, ②, ③のいずれか

経口摂取不良,
全身炎症を伴う

がん悪液質の様々な状態
異化状態かつ治療抵抗性
PS（pertormance status）の低下
生命予後＜3か月

図 1-22　がん悪液質のステージ

35kcal/kg/日，寝たきり患者 20〜25kcal/kg/日と設定することを推奨している。がん終末期では，積極的な栄養投与を控えることを推奨している。

　悪液質が進展した不可逆的悪液質は，栄養投与に反応しない段階と定義されており，代謝異常が高度になる終末期に向け栄養投与量を減量することが妥当と考えられる。静脈栄養法は，経口摂取低下の場合に行うが，終末期には種々の代謝異常を生じており，浮腫，胸水，腹水，気道分泌の増加を招くことが多い。終末期に静脈栄養法を行う際は，適応を可能な限り遵守し，患者や家族の意向を踏まえた上での慎重な対応が大切である。

5) その他の栄養素・運動

①**EPA（エイコサペンタエン酸）**　抗炎症作用。PIF（たんぱく質分解誘導因子）の産生低下，骨格筋の分解防止効果がある。

②**BCAA（分岐鎖アミノ酸）**　たんぱく質崩壊を抑制し，同時に合成を促進する作用，偽神経物質の生体内代謝を制御して食欲不振を改善させるなどの効果がある。

③**L- カルニチンと CoQ10**　細胞レベルでの脂肪酸の代謝を促進，食欲不振改善効果。

④**運動療法**　身体活動量を向上させるために，全身状態に応じたウォーキングなどの軽度な運動などが筋肉量の低下を防ぐ。

6) 経口摂取の低下の原因と対応（症状・症候別のケア）

　悪液質は，食欲不振，体脂肪量並びに骨格筋減少が進行し，栄養状態に悪影響を与える。精神的ダメージや消化管の通過障害，臓器不全，高カルシウム（Ca）血症，脳転移，化学療法やオピオイド（強度鎮痛薬）の副作用など様々な原因がある。また，進行がん患者の食欲不振には，視床下部・神経内分泌系の異常とこれを誘導する炎症性サイトカインの影響が大きい。

①**悪心・嘔吐**　高 Ca 血症，低ナトリウム（Na）血症，オピオイドなどの薬剤で引き起

こされ，原因を評価しその病態に合った適切な対応が必要である。これらにより，食事摂取困難や体内水分量の減少がみられ，栄養状態の低下，体力，免疫力の低下が起こる。

〈栄養管理〉

経口摂取は，体調の度合いにより食事内容，量などについて，個々に合わせる。

● 湯気によりにおいが強くなる料理や食品は控える。

● 喉越しのよいさっぱりとした食品・料理を選択する。

● 刺激物は避け，消化がよい食品・料理を選択する。

● 何度かに分けて食べ，間食も加える。

● 体調を確認しながら食べる。

②**食欲不振**　　がん発症とともに QOL が低下し，早期から発現する人が多い。食欲不振は，がんの進行に伴い増悪し，悪液質の原因となる。また，全身炎症性サイトカインの増加により摂食障害となる。がんの化学療法による悪心・嘔吐により食欲不振が誘発され，薬剤では食欲刺激薬を投与し，QOL を高める。

〈栄養管理〉

悪心・嘔吐と同様であるが，その他として

● 軽食を増やす。

● 小さな器を使い，少量で高エネルギー食品を選択する。

● 就寝前に軽食を摂る。

● 好みのものを食べる。

③**下痢**　　抗がん剤，制吐薬，腹部放射線照射，抗菌薬，抗生物質投与，絶食が続くなどの影響により腸粘膜が弱まり，消化吸収力が低下し，発症しやすい。下痢が続くと，脱水，電解質異常，ADL の低下が起こる。

〈栄養管理〉

● 腸への刺激が強い食品は避ける。

● 刺激物は避け，消化がよい食品・料理を選択する。

● 水分や電解質の補給を強化する。

● 水溶性食物繊維，乳酸菌を摂取し，良質な腸内細菌叢を増やす。

④**口内炎**　　がん細胞を消滅させるための抗がん剤などにより，がん細胞を破壊するだけでなく，正常な消化器細胞，血液細胞，毛根細胞，爪母細胞などの細胞も破壊されやすい。これは白血球減少による細菌感染が関与している。特に，口腔粘膜細胞は細胞が新生しやすいこともあり，衝撃を受けやすく再生能力も低下しやすい。そのため，口腔内に潰瘍ができやすい状況となり，粘膜に炎症を来す。口腔内は唾液腺があり，これが障害を受けると，唾液の分泌低下となり，口腔内乾燥を起こす。食事などにより刺激され，さらに粘膜炎症が広がる。口腔粘膜炎に伴い，食欲低下，食事摂取不良，栄養状態の悪化が起こる。免疫力が低下している場合には重篤な感染症を引き起こしやすい。そのた

めには化学療法前から歯科との連携により口腔ケアを行い，症状の悪化を防ぐことが重要である。

〈栄養管理〉

● 刺激物は避け，口当たりのよい食品・料理を選択する。

● 塩分を控える。

● 水分を多く含んだ食事にする。

● 刺激にならない程度の温度調整をする。

⑤**味覚低下**　舌の味蕾が食物を感知し，その刺激が神経に伝わり脳を刺激して味を認識する。味覚障害には味覚鈍化，味覚過敏，異味症，舌苔の汚染などがある。抗がん剤など薬剤による味覚伝導への神経障害，味蕾の機能低下，口腔粘膜炎，唾液分泌低下により食事摂取量の低下となり，栄養不良をもたらす。味覚の低下は，亜鉛など栄養素の欠乏が主な原因となり，発症する。

食事前の口腔ケア，唾液腺マッサージなどを促す。

〈栄養管理〉

● 亜鉛の吸収を阻害するフィチン酸，シュウ酸は控えめにする。

● 食品添加物やインスタント食品などに使われるリン酸塩などを控える。

● 亜鉛の多い食品を増やす（図 1-23）。

● 味のはっきりした香辛料を使用する。

⑥**便秘**　抗がん剤による腸の活動低下，制吐剤，麻薬などの腸管への影響や腸の狭窄や閉塞による通過障害により，さらに ADL が低下して起こる。便秘により食事摂取量が低下しやすくなる。便秘を改善するためには，食事療法はもちろん，便緩下剤，排便機能促進薬を利用し，食事摂取量が低下しないように促す。

〈栄養管理〉

● 水溶性，不溶性食物繊維の豊富な食事を選択する。

● 十分な水分，ミネラル摂取を心がける。

● 乳酸菌飲料や食品を摂る。

● 脂質を増やす。

カキ　　　　玄米　　　　そば粉　　　　卵黄　　　　乾しいたけ
※特に亜鉛含有量が多い

その他　あずき，納豆，のり，わかめ，切干し大根，らっきょう，炒りごま，牛レバー，小松菜，パセリ　などにも多い

図 1-23　亜鉛を多く含む食品

5 栄養障害および褥瘡

1 低栄養と過栄養

（1）栄養障害とは

　「栄養障害（不良）」は，必要栄養量（年齢，性別，仕事など個々に異なる）と摂取量の栄養バランスが崩れることで生じるもので，「栄養不足」と「栄養過多」[1] がある（図1-24）。

　食べ物が偏っていたり，消化管の障害などで食べ物の消化や吸収がうまくいかなかったりする場合，低栄養状態を起こし，身体の様々な機能に悪影響が出たり，機能不全を起こしたりする。栄養障害には栄養過剰（過剰なエネルギー摂取，また特定の栄養素やその他のサプリメントの過剰摂取）も含まれる。

　栄養の摂取過多（過栄養）に伴う肥満などは，心臓病や脳卒中，糖尿病などの生活習慣病（メタボリックシンドローム）を引き起こす原因となる。

　一方，栄養不足（低栄養）になり体に必要な栄養素が足りなくなると，代謝が妨げられ，様々な部分に異常が現れ，筋肉量が減少し筋力が低下してくる。その後，体内のたんぱく質量も減っていき，肝臓や筋肉で新たに細胞をつくる機能も低下し，それに伴って免疫力や傷を治す能力も減少し感染症のリスクが高まるといわれている。

　栄養障害は，どちらの状態によっても引き起こされ，健康障害につながることは間違いない。特に，高齢者の過栄養，肥満に関しては成人と違う視点で捉えることも必要であり，また，成人とは違う健康障害のリスクになっている可能性があることも理解しておく。

1）低栄養

　低栄養状態の種類には，次のようなものがある。

①**マラスムス症候群**　　たんぱく質・エネルギー不足

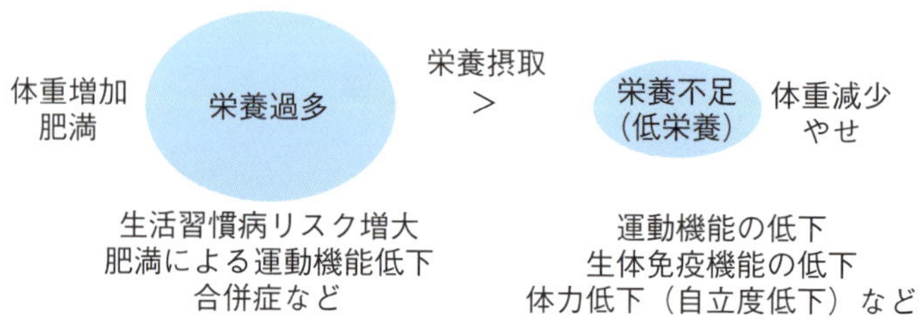

図1-24　栄養不良のイメージ

②**クワシオルコール** たんぱく質不足

③**マラスムス・クワシオルコール混合型栄養不良** マラスムス・クワシオルコール混合型

　低栄養とは栄養不良の一つで，健康な体を維持するために必要なエネルギーと必要栄養素が不足している状態を指し，主に全般的な食物摂取不足であるエネルギー不足，またはたんぱく質の不足が原因として考えられる。このような状態を PEM（protein energy malnutrition：たんぱく質・エネルギー欠乏症）と呼ぶ。低栄養は，年齢や性別，疾患の有無にかかわらず誰にでも起こりうる病気である。食欲不振や偏食が続くと，自分でも気づかないうちに栄養素が不足し，低栄養状態に陥ることも決して珍しくない（図 1-25）。

　まず，自分の栄養状態をチェックすることから始める。

　低栄養に早く気づくための 7 つのチェック項目があり，1 つでも該当すれば食事の見直しが必要となる（表 1-37，38）。

低栄養	低栄養と脱水
①やせてくる ②皮膚の炎症を起こしやすい ③傷が治りにくい ④抜け毛や毛髪の脱色が多い ⑤風邪をひきやすい ⑥握力が弱い ⑦下肢や腹部がむくむ	①口の中，舌，唇が渇いている ②唾液がべたべたする ③食欲がない ④よろけやすい ⑤だるそう，元気がない，ぼーっとしている ⑥皮膚が乾燥し，弾力がなくなる

尿や便のチェック	食べる力
①尿量が少ない ②日中の尿の色が濃い，臭いが強い，濁る ③下痢が続く，便秘が続く	（摂食嚥下機能）の低下のチェック

図 1-25　低栄養でみられやすい外観や動作からのチェック

表 1-37　低栄養の早期発見票

□食欲が低下し，食事の量が減ってきた
□あっさりした献立を好むようになった
□体重が減ってきた
□風邪をひきやすくなった
□疲れやすくなった
□足がむくみやすくなった
□これまで渡れていた横断歩道が渡れなくなった

表 1-38　低栄養状態の診断のおおよその基準

①血清アルブミン値 3.8g/dL を基準として，それ以下である場合
②体格指数である BMI が 18.5 未満の場合
③血中コレステロール値 150mg/dL 未満
④半年より短い期間に 2〜3kg 以上の体重減少があった場合（可能性あり）

低栄養になる要因には次のようなものが挙げられる。

● 体調不良やストレスによる食欲不振

● 口腔内の問題（義歯の不具合など）

● 消化吸収機能低下（外科的治療含む）

● 唾液分泌の低下

● 咀嚼力・嚥下機能の低下

● 味覚の低下

● 加齢に伴う嗜好の変化

● 加齢に伴う食欲不振

● 体重減少

● 孤食状態である（一人で食事をしている）

● 食事の介助が必要

　低栄養になると，体重の減少・筋力の低下が起こる。そして転倒が起こりやすくなり，骨折のリスクも高まる。また，体力が低下するため，むくみやすくなり（浮腫），免疫機能が低減する。これらの症状が起こるとベッド上での生活が多くなり，活動量の低下につながる。活動量が低下すると食事量も減少してくる。このサイクルを「低栄養の悪循環」[2]という（図 1-26）。

① **体重管理**　体重はすべての患者について測定するべきである。初診時，入院時はもちろん，全過程を通じて継時的に測定することが望ましい。緊急患者も病状が安定したら測定をする。特に，「栄養療法」の適用になった場合は必須の項目である。

　体重からわかる身体情報を表 1-39 に示す。

　BMI（Body Mass Index：体格指数）は，太っているか，やせているかといった肥満度を表す指標として用いられる。BMI を把握することは，健康を維持するために重

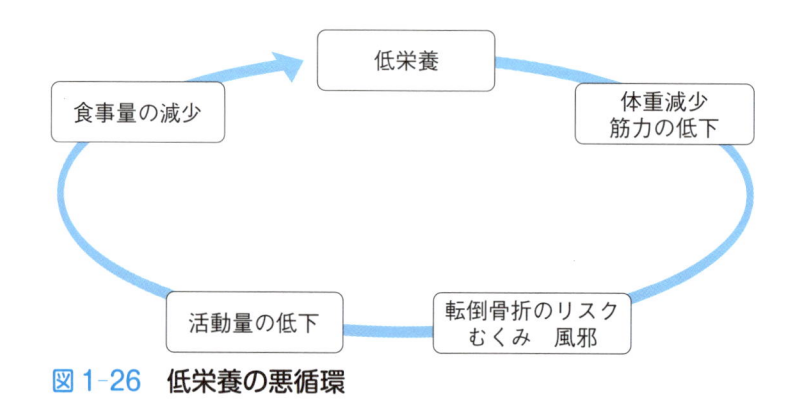

図 1-26　低栄養の悪循環

要である。肥満の判定基準は国によって異なる。日本肥満学会は，BMI25 以上の場合を肥満と定めている（表 1-40）。

体重測定では，栄養障害の判定に体重減少率が用いられることが多い（表 1-41）。

②**アルコール・たばこによる低栄養**　アルコールは，エネルギーはあっても（7kcal/g）栄養価がほとんどなく，飲みすぎると食欲が減退する。肝臓に損傷を与えるため，栄養素の吸収と使用を妨げることもある。

さらに喫煙は，味覚や嗅覚を鈍らせ，食事をおいしく感じなくなってくるため，低栄養を引き起こすことがある。

表 1-39　体重からわかる主なこと

①BMI
②低栄養
③必要栄養量（設定・評価）
④浮腫の存在
⑤疾患の存在

表 1-40　肥満の判定基準

BMI（kg/㎡）	判　定	WHO 基準
＜18.5	低体重	Underweight
18.5～25 未満	普通体重	Normal range
25～30 未満	肥満（1 度）	Pre-obese
30～35 未満	肥満（2 度）	Obese class Ⅰ
35～40 未満	肥満（3 度）	Obese class Ⅱ
40 以上	肥満（4 度）	Obese class Ⅲ

注 1）ただし，肥満（BMI≧25）は，医学的に減量を要する状態とは限らない。なお，標準体重（理想体重）は最も疾病の少ない BMI 22 を基準として，標準体重(kg)＝身長(m)^2×22 で計算された値とする。
注 2）BMI≧35 を高度肥満と定義する。
資料）日本肥満学会：肥満症診療ガイドライン 2016，p.xii，ライフサイエンス出版，2016

表 1-41　高度栄養障害の体重減少率
体重減少率（%）＝UBW（kg）－BW÷UBW×100

高度栄養障害
＞2%/週
＞5%/1 か月
＞7.5%/3 か月
＞10%/6 か月

UBW：平常時体重（kg）　　BW：現体重（kg）

2）過栄養

　過栄養で問題となるのは肥満である。特に，高齢者の肥満，生活習慣病（メタボリック症候群）は，身体機能や認知機能に何らかの影響を及ぼしていることが明らかになっている。

　高齢期の肥満は，身体機能低下のリスクとなる。BMI 35 を超える肥満（高度肥満）は，歩行速度，階段上がり，椅子からの起立などの身体機能を悪化させ，移動能力障害のリスクとなる。また，BMI 30 以上で転倒リスクが高くなる。

　サルコペニア（筋肉量減少）と肥満が重なったサルコペニア肥満（SO；sarcopenic obesity）では，IADL（Instrumental Activities of Daily Living，手段的日常生活動作）低下，転倒，歩行障害を来しやすいといわれている。このように，高齢者の生活自立度を評価する際，ADL だけでなく IADL も考慮することが必要だと考えられている。

(2) 栄養障害の評価

　栄養障害の臨床症状は進行に伴い，①筋肉量の減少，骨格筋・心筋・平滑筋および筋力の低下，②内臓たんぱく質減少，肝臓，筋肉でのたんぱく質合成の低下，③免疫力の低下，④創傷治癒の障害，低下，⑤主要臓器障害，多臓器不全，⑥生体適応性の破綻，生命維持機能の障害などの機能性障害が出現する。

　栄養管理プロセス（NCP）[3]は，個々の患者の栄養管理を単に標準化するだけでなく，栄養管理を提供するための過程の標準化を目的としている。その過程にはステップ1　栄養アセスメント，ステップ2　栄養診断，ステップ3　栄養介入，ステップ4　栄養モニタリングと評価の4つの段階がある（図 1-1，p.3）。

　特に，栄養アセスメントは，有効な栄養療法を実施するために重要となる。栄養障害のスクリーニングとアセスメントの指標には，問診により得られる病歴や視診（全身状態，局所の観察）などの主観的指標と身体計測値，臨床検査値，栄養補給の状況（栄養必要量と摂取量とのバランス）などの客観的指標がある。栄養スクリーニングは，栄養アセスメントの最初の段階で，主観的指標（病歴，身長，体重，体重変化などの容易に入手できる情報）を用い，短時間で患者の栄養状態にリスクがあるかどうかを判定できる主観的包括的評価（SGA；subjective global assessment）（表 1-42）を行い，詳細な栄養アセスメントの必要な患者を抽出する。栄養スクリーニングで抽出された栄養学的リスクの高い患者に対しては客観的指標を用いた客観的評価（ODA；objective data assessment）（表 1-43）[4]を行い，どのような栄養障害が存在するのか，どの程度の栄養不良なのかを判断するための手段とする。

　医療において適切な栄養治療を実施することは，栄養障害のリスクの高い患者に対し，予後の改善，入院期間の短縮，疾患の治療になることが求められている。そのため，管理栄養士としては，栄養障害の原因が過栄養なのか，低栄養なのか，摂食嚥下機能低下なのか，代謝障害なのかを見極め，早期の栄養介入をする必要があると考える[5]。

表1-42　主観的包括的評価（SGA）

A　病歴
　　1. 体重変化
　　　　過去6か月間の体重減少：＿＿＿＿＿＿kg，減少率＿＿＿＿＿＿％
　　　　過去2週間の体重変化：□増加　　□無変化　　□減少
　　2. 食物摂取変化（平常時との比較）
　　　　□変化なし
　　　　□変化あり（期間）＿＿＿＿＿＿＿＿＿（月，週，日）
　　　　食事内容：□固形食　　□経腸栄養　　□経静脈栄養　　□その他
　　3. 消化器症状（過去2週間持続している）
　　　　□なし　　□悪心　　□嘔吐　　□下痢　　□食欲不振
　　4. 機能性
　　　　□機能障害なし
　　　　□機能障害あり：（期間）＿＿＿＿＿＿＿＿（月，週，日）
　　　　　　　　　タイプ：□期限ある労働　　□歩行可能　　□寝たきり
　　5. 疾患と栄養必要量
　　　　診断名：
　　　　代謝性ストレス：□なし　　□軽度　　□中等度　　□高度
B　身体（スコア：0＝正常，1＝軽度，2＝中等度，3＝高度）
　　　　皮下脂肪の喪失（三頭筋，胸部）：＿＿＿＿＿＿
　　　　筋肉喪失（四頭筋，三角筋）：＿＿＿＿＿　＿＿＿＿＿
　　　　くるぶし部浮腫：＿＿＿＿＿仙骨浮腫：＿＿＿＿＿浮腫：＿＿＿＿＿
C　主観的包括評価
　　　　A. □栄養状態良好　　B. □中等度の栄養不良　　C. □高度の栄養不良

表1-43　栄養スクリーニングとアセスメントの指標・方法

1. スクリーニング（nutritional screening）
　・主観的包括的評価
　　（SGA）
　・病歴調査（問診・視診）
《スクリーニングツール》
　・SGA（subjective global assessment）（表1-42）
　・65歳高齢者用®（Mini-Nutritional Assessment）
　・簡易版®-SF（MNA®-short form）（図1-27）
　・MUST（Malnutrition universal screening tool）
　　→主に外来通院患者や一般社会生活をしている成
　　　人に対して有用
　・NRS（Nutritional risk screening）2002
　　→一般入院患者に有用

2. アセスメント（full assessment）
　客観的評価
　（ODA；objective data assessment）
　　a. 身体計測値
　　b. 間接熱量測定法
　　c. 生化学検査
　　d. 栄養補給の状況
　　　（栄養必要量とのバランス）

資料）日本静脈経腸栄養学会編：日本静脈経腸栄養学会　静脈経腸栄養ハンドブック，南江堂，2011

簡易栄養状態評価表
Mini Nutritional Assessment-Short Form
MNA®

Nestlé NutritionInstitute

氏名：

性別：　　　年齢：　　　体重：　　　kg　身長：　　　cm　調査日：

下の□欄に適切な数値を記入し、それらを加算してスクリーニング値を算出する。

スクリーニング

A 過去3ヶ月間で食欲不振、消化器系の問題、そしゃく・嚥下困難などで食事量が減少しましたか？
0 = 著しい食事量の減少
1 = 中等度の食事量の減少
2 = 食事量の減少なし

B 過去3ヶ月間で体重の減少がありましたか？
0 = 3 kg 以上の減少
1 = わからない
2 = 1〜3 kg の減少
3 = 体重減少なし

C 自力で歩けますか？
0 = 寝たきりまたは車椅子を常時使用
1 = ベッドや車椅子を離れられるが、歩いて外出はできない
2 = 自由に歩いて外出できる

D 過去3ヶ月間で精神的なストレスや急性疾患を経験しましたか？
0 = はい　　　2 = いいえ

E 神経・精神的問題の有無
0 = 強度認知症またはうつ状態
1 = 中程度の認知症
2 = 精神的問題なし

F1 BMI　　　体重(kg)÷[身長(m)]²　□
0 = BMI が19 未満
1 = BMI が19 以上、21 未満
2 = BMI が21 以上、23 未満
3 = BMI が 23 以上

BMI が測定できない方は、**F1** の代わりに **F2** に回答してください。
BMI が測定できる方は、**F1** のみに回答し、**F2** には記入しないでください。

F2 ふくらはぎの周囲長(cm)：CC
0 = 31cm未満
3 = 31cm以上

スクリーニング値
(最大：14ポイント)

12-14 ポイント：□　　栄養状態良好
8-11 ポイント：□　　低栄養のおそれあり (At risk)
0-7 ポイント：□　　低栄養

Ref.　Vellas B, Villars H, Abellan G, et al. Overview of the MNA® - Its History and Challenges. J Nutr Health Aging 2006;10:456-465.
Rubenstein LZ, Harker JO, Salva A, Guigoz Y, Vellas B. Screening for Undernutrition in Geriatric Practice: Developing the Short-Form Mini Nutritional Assessment (MNA-SF). J. Geront 2001;**56A**: M366-377.
Guigoz Y. The Mini-Nutritional Assessment (MNA®) Review of the Literature - What does it tell us? J Nutr Health Aging 2006; **10**:466-487.
Kaiser MJ, Bauer JM, Ramsch C, et al. Validation of the Mini Nutritional Assessment Short-Form (MNA®-SF): A practical tool for identification of nutritional status. J Nutr Health Aging 2009; **13**:782-788.
さらに詳しい情報をお知りになりたい方は、**www.mna-elderly.com** にアクセスしてください。

図 1-27　簡易栄養状態評価表（MNA®；Mini Nutritional Assessment-Short Form）

2　褥瘡

日本褥瘡学会では，褥瘡を次のように定義している（日本褥瘡学会，2005）。

「身体に加わった外力は骨と皮膚表層の間の軟部組織の血流を低下，あるいは停止させる。この状態が一定時間継続されると組織は不可逆的な阻血性障害に陥り褥瘡になる」

つまり，外力がかかることで骨によって圧迫された組織が障害された状態をいう。さらに，圧迫には垂直方向に圧縮するだけでなく，「引っ張り応力」，「剪断応力」といわれる圧力がかかっている。

褥瘡は，単なる阻血にとどまらず，次の4つの機序が複合的に関与すると考えられている。①阻血性障害，②再灌流障害，③リンパ系機能障害，④細胞・組織の機械的変形である（図1-28）[6]。

褥瘡の度合を評価するものはいくつかあるが，近年では DESIGN-R® が広く用いられている（図1-29）。これは，深さ，滲出液，大きさ，炎症/感染，肉芽組織，壊死組織，ポケットの7項目で構成されており，0点から始まり最重症は60点となる。DESIGN-R® の合計点が9点未満であれば約8割が1か月未満に治癒し，18点未満であれば約6割が3か月未満で治癒するとされている。

褥瘡の危険因子は，日常生活の自立度が低いこと，病的骨突出，関節拘縮，栄養状態低下，発汗，失禁，浮腫などがある。これらを中心に，いくつかのリスクアセスメントツールがある。ブレーデンスケールは，知覚の認知，湿潤，活動性（行動範囲），可動性（体位を変えたり整えたりできる能力），栄養状態，摩擦とずれの6項目よりなる評価で，合計点は6～23点，カットオフ値は14点である。ブレーデンスケールのうち，栄養状態のみを示す（表1-44）。

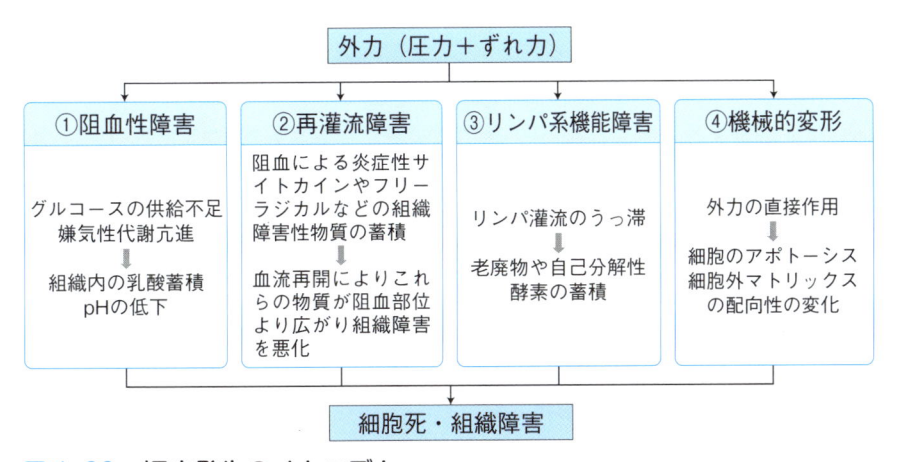

図1-28　**褥瘡発生のメカニズム**

資料）日本褥瘡学会：褥瘡ガイドブック第2版，照林社，2015

						カルテ番号（　　　　　　　　　　） 患者氏名（　　　　　　　　　　　　）月日	/	/	/
Depth　深さ　創内の一番深い部分で評価し，改善に伴い創底が浅くなった場合，これと相応の深さとして評価する									
d	0	皮膚損傷・発赤なし	D	3	皮下組織までの損傷				
	1	持続する発赤		4	皮下組織を越える損傷				
				5	関節腔，体腔に至る損傷				
	2	真皮までの損傷		U	深さ判定が不能の場合				
Exudate　滲出液									
e	0	なし	E	6	多量：1日2回以上のドレッシング交換を要する				
	1	少量：毎日のドレッシング交換を要する							
	3	中等量：1日1回のドレッシング交換を要する							
Size　大きさ　皮膚損傷範囲を測定：〔長径(cm)×長径と直交する最大径（cm)〕[*1]									
s	0	皮膚損傷なし	S	15	100 以上				
	3	4 未満							
	6	4 以上　16 未満							
	8	16 以上　36 未満							
	9	36 以上　64 未満							
	12	64 以上　100 未満							
Inflammation/Infection　炎症/感染									
i	0	局所の炎症徴候なし	I	3	局所の明らかな感染徴候あり（炎症特徴，膿，悪臭など）				
	1	局所の炎症徴候あり（創周囲の発赤，腫瘍，熱感，疼痛）		9	全身的影響あり（発熱など）				
Granulation　肉芽組織									
g	0	治癒あるいは創が浅いため肉芽形成の評価ができない	G	4	良性肉芽が創面の 10% 以上 50% 未満を占める				
	1	良性肉芽が創面の 90% 以上を占める		5	良性肉芽が創面の 10% 未満を占める				
	3	良性肉芽が創面の 50% 以上 90% 未満を占める		6	良性肉芽が全く形成されていない				
Necrotic tissue　壊死組織　混在している場合は全体的に多い病態をもって評価する									
n	0	壊死組織なし	N	3	軟らかい壊死組織あり				
				6	硬く厚い密着した壊死組織あり				
Pocket　ポケット　毎回同じ体位で，ポケット全周（潰瘍面も含め）〔長径(cm)×短径[*2](cm)〕から潰瘍の大きさを差し引いたもの									
p	0	ポケットなし	P	6	4 未満				
				9	4 以上　16 未満				
				12	16 以上　36 未満				
				24	36 以上				
部位〔仙骨部，坐骨部，大転子部，踵骨部，その他（　　　　）〕						合計[*3]			

[*1] 持続する発赤の場合も皮膚損傷に準じて評価する。

[*2] "短径" とは "長径と直交する最大径" である。

[*3] 深さ（Depth：d, D）の得点は合計には加えない。

図 1-29　DESIGN-R[®]経過評価用紙

資料）日本褥瘡学会，2013．http://www.jspu.org/jpn/info/pdf/design-r.pdf より引用，改変

表 1-44　ブレーデンスケールにおける栄養状態の評価

栄養状態	1　不良	2　やや不良	3　良好	4　非常に良好
普段の食事摂取状況	・決して全量摂取しない ・めったに出された食事の 1/3 以上を食べない ・たんぱく質・乳製品は 1 日 2 皿（カップ）分以下の摂取である ・水分摂取が不足している ・消化態栄養剤（半消化態，経腸栄養剤）の補充はない ・あるいは，絶食であったり，透明な流動食（お茶，ジュースなど）なら摂取したりする ・または，末梢点滴を 5 日間以上続けている	・めったに全量摂取しない ・普段は出された食事の 1/2 しか食べない ・たんぱく質・乳製品は 1 日 3 皿（カップ）分の摂取である ・時々消化態栄養剤（半消化態，経腸栄養剤）を摂取することもある ・あるいは流動食や経管栄養を受けているが，その量は 1 日必要摂取量以下である	・たいていは 1 日 3 回以上食事をし，1 食につき 1/2 以上は食べる ・たんぱく質・乳製品を 1 日 4 皿（カップ）分摂取する ・時々食事を拒否することもあるが，勧めれば通常補食する ・あるいは，栄養的におおよそ整った経管栄養や高カロリー輸液を受けている	・毎食おおよそ食べる ・通常はたんぱく質・乳製品を 1 日 4 皿（カップ）分以上摂取する ・時々間食（おやつ）を食べる ・あるいは，補食する必要がない

表 1-45　褥瘡の栄養評価指標

①身体計測指標
　体重，体重変化率，身長体重比，BMI，上腕三頭筋皮下脂肪厚（TSF），上腕周囲長（AC），上腕筋囲（AMC）
②生理学的指標
　呼気ガス分析（間接熱量測定），呼吸筋力，握力
③生化学的指標
　血清アルブミン，トランスフェリン，トランスサイレチン，レチノール結合たんぱく，尿中クレアチニン，尿中尿素窒素，血漿アミノグラム（BCAA，BCAA/AAA）
④免疫学的指標
　血中総リンパ球数，遅延型皮膚反応

　褥瘡の栄養評価には様々な指標が用いられる（表 1-45）。

　褥瘡予防の栄養管理の基本は，低栄養の回避，改善である。低栄養状態を確認する指標には，もし炎症，脱水などがなければ血清アルブミン値や体重減少率，喫食率（食事摂取量）がある。その他，主観的包括的栄養評価（subjective global assessment；SGA）[6]（表 1-42）や高齢者には MNA®（mini nutritional assessment®）[6]（図 1-29）および MNA®-Short Form（SF），CONUT（controlling nutritional status）などの栄養評価ツールが使用されることが多い（褥瘡予防・管理ガイドライン第 3 版，CQ4.4 推奨度 C1）[7]。

　低栄養の人のための栄養管理方法としては，疾患を考慮した上で，高エネルギー，高たんぱく質のサプリメントによる補給を行うことが勧められている（褥瘡予防・管理ガイド

ライン第 3 版，CQ4.2 推奨度 B）。また，口からの栄養補給が難しい人には，必要な栄養量を経腸栄養で補給するが，それも困難な場合は静脈栄養（点滴）による補給を行う（褥瘡予防・管理ガイドライン第 3 版，CQ4.3 推奨度 C1）[7]。

（1）施設での対応

施設における褥瘡を主とした創傷発症の事例を表 1-46 に示す。

表 1-46　褥瘡を主とした創傷発症の事例

	①腸骨部付近の褥瘡	②踵の褥瘡	③足小指の創傷
事例	82 歳女性　介護度 4 精神疾患	86 歳女性　介護度 4 糖尿病，認知症	91 歳女性 認知症
身体状況	BMI 19.5	BMI 23.8	BMI 17.3
	【生化学データ】 血清アルブミン 3.7g/dL（低栄養のリスク中）	【生化学データ】 血清アルブミン 3.6g/dL（低栄養のリスク低）	【生化学データ】 血清アルブミン 3.5g/dL（低栄養のリスク中）
	発汗が多い。上肢片麻痺，拘縮座位を維持できず，一方に傾斜		
生活状況	1 日の大半を車椅子上でのテレビ観賞，歓談 入浴時，看護師や介護員によって皮膚状態の観察	笑顔が多く，職員などに手を振るなどコミュニケーションはとれるが，体動が少なく，日中は椅子に座ったままテレビ観賞，談話 トイレ以外の移動はほとんどない	毎日，杖歩行で施設フロアを歩き回る（徘徊がみられる）
食生活状況	食は細い 毎食栄養補助食品が提供され，好んで食べる	食べることが楽しみ	食欲は良好で，毎食全量摂取 栄養補助食品も添えて栄養量を増加し，下痢もない
経緯	拘縮が進む手には丸めたおしぼりを握ってもらい，皮膚トラブルが起きないよう対応 上肢が傾くと，気づいた職員が座り直しを行う 赤みを帯びた腰側面の骨（腸骨部）付近の皮膚が，次の入浴時には皮が剥け，化膿が見られるまで悪化	夜間は時間を決め，職員が寝返りを行う 入浴時，介護員が踵の黒ずみに気づいた時点で重度の褥瘡であった	運動量が多く，足にぴったりとした新しい靴に替え，職員，家族とも問題ないと考えていた 歩行状態も変わらなかった 入浴時，看護師が爪切りをしていた際，足の小指が青黒く変色，内出血し化膿していることに気づいた
考察	座り直しを行うまでにどのくらいの時間，患部に圧力がかかっていたか把握できない 発汗による湿潤と座り直しで皮膚が擦れ，皮が剥け，悪化したと考えられる	踵の同一部位が椅子と常に接触していたことが原因と考えられる 目につかない部位にも注意を払う	職員には靴がぴったりの状態は適切かどうか判断できなかったこと，痛みを本人が伝えられなかったことが原因と考えられる

1）褥瘡発症の原因

施設において褥瘡が発症する原因として，下記が挙げられる。

①**皮膚の湿潤**　特に，臀部は糞尿に汚染されやすく，おむつなどで皮膚が蒸れやすい。発汗が多い，皮膚と接触面とが密で蒸れた状態にある場合

②**圧迫**　拘縮が進み，常に圧力がかかる部位にできやすく，見過ごされがちである。靴が小さい・椅子と接触したままの状態などでは踵や下肢に発症する。

③**摂食量の減少**　摂食意欲の低下などで栄養や皮膚の状態が短時間で悪化しやすい。

　高齢者が生きていく上で大切なのが，「〜したい」という思いであり，「意欲」であるといえる。「食べたくない」，「起きたくない」，「歩きたくない」などは，たとえ短期間であっても身体活動・知的活動の低下へつながり，栄養状態の低下や皮膚状態の悪化へとつながっていく。

2）連携と食事療法

褥瘡は，3つのポイントで改善される。

①**除圧**　介護職員が時間を決め，体位変換を行って，患部にかかる圧力を分散させる。機能訓練員の助言を受け，圧を分散させるクッション・マットなどを使用する。

②**患部の清潔**　医療的な処置（看護師）と，患部の保清（介護員），排泄介助など，日常生活の中での皮膚状態の把握（介護員），入浴時に全身の皮膚状態の観察（看護師・介護員）を行う。

③**栄養状態の改善**　栄養調理チームが少量で高栄養の食事を提供，高たんぱく質の食事の提供（ただし，腎機能低下に留意），ビタミン・ミネラルに留意する。創傷治癒効果の高い亜鉛・鉄を多く含んだ食品・栄養補助食品を提供する。

　褥瘡は，予防が最も大切であるが，もし発症した場合には，横になっているときは寝返り，車椅子の場合にはクッション利用や姿勢の工夫（体位変換）などを行う。看護師，介護職員，そして管理栄養士・栄養士による栄養状態の向上が重要である（表1-47）。

表 1-47　家族と同居している在宅高齢者の褥瘡事例

		家族構成と家族歴
事例	75 歳男性　介護度 5 仙骨部・下肢（ふくらはぎ）褥瘡（ステージ 3*）	□———○妻 本人 　　│ 　　□ 　長男
職業	無職	
身体状況	身長 162cm，体重 42.7kg，BMI 16.3	
	【生化学データ】 血清アルブミン 1.7g/dL	
既往歴	軽度脳梗塞，大腸がん，3 年後再発（上行結腸がん）	市販薬　特になし
現在までの生活活動状況	認知症のため短い会話しかできず，生活に対する意向は確認できない 妻：経済的不安があり，できる限り自宅で介護したい 長男：できる限り自宅にいてもらいたい。協力できることはしていく	
食生活状況	歯の具合が悪く，咀嚼に問題あり。飲み込みもなめらかではない 食欲低下はみられない。好き嫌いはない 主食 米飯，副食 極刻み	
食事観察結果	スプーンを使い自己摂取しているが，疲れるためか途中で手が止まる。介助が必要 妻が病気がちで食事は 2 回/日 栄養補助食品が処方されている	
ケアプラン（総合的な方針）	①褥瘡の改善を目標に，主治医・栄養士と連携しながら適切な水分・栄養素量が摂れるよう支援する ②寝たきりの生活にならず，社会交流の機会がもてるように支援する ③体調管理・口腔ケアを適切に行い，感染症を予防できるよう支援する ④安全に外出でき，安楽に過ごせるよう環境整備していく ⑤家族の介護負担を軽減し，在宅生活が維持できるよう支援する	
栄養診断	経口摂取量不足である（NI-2.1）〔水分摂取量不足もある（NI-3.1）〕ことから（S），歯・咀嚼障害，褥瘡が要因となった（E），たんぱく質・エネルギー摂取量不足（P）（NI-5.3）である	
栄養管理計画	長期目標：褥瘡の改善（6 か月） 短期目標：適切な水分・栄養素量が摂れる 【内容】 ①提供栄養素量：1,500kcal/日以上（短期入所サービス利用時） 　　　　　　　昼食 1,000kcal 以上（通所介護サービス利用時） ②水分：目標 1,500mL/日（短期入所サービス利用時） 　　　　　　900mL/日（通所介護サービス利用時） 　褥瘡改善のため，アルギニン添加水分 450mL を提供 ③栄養改善のために必要な食事を提供する ④体重を測定して検討し，対応する 　　　　　　　　　　　　　　　以上を実施し，2 週間ごとに評価する	
経過と結果	通所介護サービス（以下，通）2 回/週利用，短期入所サービス（以下，短）4 日/月利用を開始する ①通毎食食欲低下なく，全量摂取できた 　開始時は主に自己摂取であったが，徐々に手の動きが悪くなり，2 か月後から全介助になった 　短毎食全量摂取している ②通開始時，水でむせる様子はみられないが，飲み込みに時間がかかる 　水分 900mL を利用時間内に摂るため，100mL/回×9 で介護員が根気よく支援し，	

	摂取できた ㊂は 1,200mL/日以上摂れているが，1,500mL は摂れない 水分・食事摂取量は順調であるが，㊀が 2 回/週なので，体重の増加には結びついていない ・褥瘡は，4 か月経過した時点で大きく改善され，医師から完治との診断を受けた 　血清アルブミンも同時期の検査で 2.5g/dL と改善がみられた ・㊀への 2 回/週の外出と短の 1 回/月の外泊で寝たきりの生活ではなく社会交流ができ，離床時間がサービス開始前に比べて長くなった ・利用開始時は無口であったが，笑顔が多くなった。職員と会話ができるようになり，自ら発語するようになった
考察	①毎食全量摂取し，下痢・嘔吐がみられないことから，消化吸収されていると考えられる（提供栄養素は，確保されている） ②水分は，在宅での生活に留意，とろみをつけずに提供している。飲み込む姿勢と一口量を加減すれば，むせずに飲み込んでいる。アルギニンを含む水分を必ず摂取したことが褥瘡の改善につながったと考えられる ③体重の増加はみられないが，褥瘡が改善され血清アルブミンも上昇していることから，栄養素が蓄積はされていないが体内で利用されているといえる。今後は体重測定を行いながら提供栄養素量を検討する（図 1-30）
まとめ	・家族にとって，㊀や短を利用することで，総合的な援助ができる ・①褥瘡の改善，②寝たきりの生活にならず社会交流の機会をもつ，③体調管理・口腔ケアを適切に行い，感染症の予防をする，④安全に外出でき，安楽に過ごせるよう環境整備する，⑤家族の介護負担を軽減し，在宅生活が維持できるよう支援することを実現している ・在宅生活を維持するため，施設に何ができるかを担当ケアマネジャーが考え，ケアプランを作成・実行した成果といえる

＊ステージ 3：皮膚全層・皮下組織に至る深在性筋膜に及ぶ損傷。

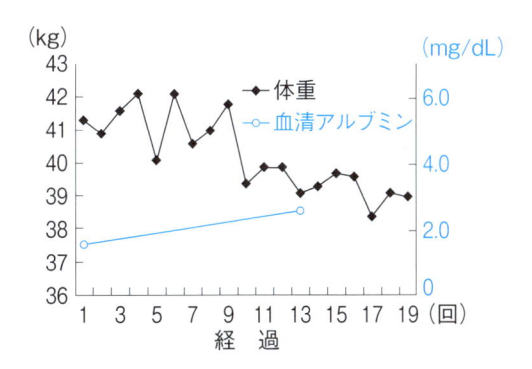

図 1-30　体重と血清アルブミンの推移

（2）病院での対応

　病院では，NST（nutrition support team）や褥瘡チームなどの介入により，多職種が連携しながら各専門分野の知識と技術を生かし，患者の状態に応じた最適な支援の実施が可能である。退院を早めることにつながる。栄養管理プロセスの作成事例を表1-48に示す。

表1-48　一人暮らし男性の褥瘡事例

事例	56歳男性 仙骨部・背部・右足背部褥瘡，脱水，10日間絶食		家族構成と家族歴	
職業	無職		一人暮らし	
身体状況	身長160cm，入院時体重75kg， 標準体重56.3kg，BMI 29.3			
			家族歴	母は施設入所中
身体状況	【生化学データ】（入院時） 総たんぱく質6.0g/dL，血清アルブミン3.0g/dL，グルコース95mg/dL， BUN 31.4mg/dL，クレアチニン0.51mg/dL，カリウム5.1mEq/L， ナトリウム148mEq/L，C反応性たんぱく質（CRP）22.7mg/dL， 白血球256×10^2/μL，赤血球474×10^2/μL，ヘモグロビン15.2g/dL， ヘマトクリット44.9%			
身体所見	褥瘡DESIGN-R（図1-29）：仙骨部31点，背部5点，右足背部14点			
既往歴	高血圧，精神発達障害		市販薬	特になし
経緯	連絡困難のために市のケースワーカーが自宅を訪問したところ，全身便まみれで室内に倒れているのを発見し救急搬送された。発見の10日前から体動困難であった模様 搬送時は脱水，低栄養，炎症反応高値，体温39.2℃，JCSⅡ-2，仙骨部・背部・右足背部に褥瘡があったため，入院加療となる			
ケアプラン	静脈栄養補液・電解質補正，抗生剤投与開始，低栄養に対し，意識混濁のため経口摂取困難と判断し経鼻チューブによる栄養投与開始。長期絶食によるリフィーディング症候群予防のため，段階的栄養投与を行った。脱水・炎症反応改善に伴い，徐々に意識も清明となり，7病日目から経口摂取へ切り替える方針となった			
食生活状況	一人暮らしで母は認知症のため施設入所中，身寄りはない 精神発達遅延はあるが，自分のことは自分で行っていた 食事は好きなときに好きなものを購入，飲酒・喫煙なし			

栄養アセスメント（7病日）

栄養診断	栄養素必要量の増大（NI-5.1）
S	食事は，カップラーメンや菓子パンなど，好きなものを購入して食べる 家で料理はしない。調理器具もない。電子レンジはある 倒れてからずっと食べていない。入院してからも食べられなかったけれど，そろそろ食べられそうな気がする
O	【生化学データ】 総たんぱく質5.9g/dL，血清アルブミン2.3g/dL，BUN 19.1mg/dL， クレアチニン0.6mg/dL，カリウム3.9mEq/L，ナトリウム142mEq/L， CRP 15.4mg/dL

O（続き）	【栄養素等摂取状況】（7 病日：静脈・経腸栄養のみ） エネルギー 1,643kcal（静脈 293kcal，経腸 1,350kcal） たんぱく質 62.2g（静脈 15.0g，経腸 47.2g） 【必要栄養量】 エネルギー：ハリス・ベネディクトの式より IBW BEE＝66.5＋〔13.8×56.3（kg）〕＋〔5.0×160（cm）〕－〔6.8×56（歳）〕 ＝1,262kcal　活動係数 1.2，ストレス係数 DESIGN-R31 点にて 1.4 と設定 TEE＝1,262（kcal）×1.2×1.4＝2,120kcal たんぱく質：NPUAP/EPUAP ガイドライン* より 1.25〜1.5g/kg/日とし， 56.3（kg）×1.5（g）＝84g 脂質：エネルギー比 25% とし，58g，糖質：315g 水分：IBW56.3（kg）×30（mL/kg）＝1,689mL/日とした 【日常生活自立度】 C-2（自力で寝返りが打てない） 【服薬状況】 ミカルディス錠 40mg1 錠
A	・仙骨部，背部，右足背部褥瘡形成 ・長期経口摂取不良により血清アルブミン 2.3g/dL と低栄養あり ・エネルギー充足率 78%，たんぱく質充足率 74% と不足 【栄養診断】 血清アルブミン 2.3g/dL と低栄養，また必要栄養量に対し，エネルギー充足率 78%， たんぱく質充足率 74% と不足であることから（S）（NI-5.3），褥瘡形成が原因となった（E） 栄養素必要量の増大（P）（NI-5.1）と栄養診断できる。
P	Mx）栄養素等摂取量，バイタル，褥瘡の状態，体重推移，生化学データ（血清アルブミ 　　ン，血糖，BUN，クレアチニン，ヘモグロビン，CRP），ADL Rx）静脈・経腸栄養併用から経口栄養補給へ切り替え。 　　目標量：エネルギー 2,120kcal，たんぱく質 84g。 　　褥瘡の状態，腎機能，血糖値を確認し，エネルギー・たんぱく質量を増加。 　　また，アルギニン，ビタミン類，亜鉛，銅などの微量元素の補給。 Ex）①食物・栄養素の提供　エネルギー：2,120kcal 　　　　　　　　　　　　　　　たんぱく質：84 g 　　　　　　　　　　　　　　　脂質：58 g 　　　　　　　　　　　　　　　糖質：315 g 　　　　　　　　　　　　　　　水分：1,700mL ②栄養教育：褥瘡改善のための栄養療法の必要性の理解 ③栄養カウンセリング：経口による必要栄養量確保の必要性の理解 ④栄養管理の調整：NST 介入とし，多職種で連携し，褥瘡の改善を目指す（医師は全身 　　管理，創部デブリードマン，看護師はバイタルチェック，全身管理，褥瘡評価，創部 　　処置，理学療法士は離床訓練，言語聴覚士は嚥下評価，薬剤師は創処置の薬剤の選定， 　　管理栄養士は栄養管理を実施）
経過	①7 病日：全粥ソフト食（日本摂食嚥下リハビリテーション学会　嚥下調整食分類 2013 　　のコード 4）1/2 量（700kcal）より経口摂取開始。咀嚼，嚥下機能に問題なく，水 　　分もむせなく摂取可能 ②8 病日：全粥ソフト食（1,400kcal）へ増量に伴い，静脈栄養中止，経腸栄養は減量。 　　褥瘡改善のためにアルギニン含有栄養剤（110kcal，アルギニン 2,400mg）開始。食 　　事摂取は良好であるが，現段階では必要水分量の確保と TEE 充足のための食事量増量 　　は困難と，患者から訴えあり。経口摂取量を確保しながら段階的に経腸栄養減量の方 　　針

	③11 病日：経口摂取良好（1,600kcal）で経鼻チューブ抜去 ④28 病日：塩分制限食常食（1,800kcal）。アルギニン含有飲料（220kcal，アルギニン5,000mg）と合わせ，2,200kcal まで摂取可能となる。足背，背部などに形成された褥瘡（DESIGN-R 4点）はほぼ治癒。仙骨部（DESIGN-R 31点）。ADL B-2（車椅子）レベルまで改善 ⑤59 病日：食事摂取良好。仙骨部（DESIGN-R 28点），ADL B-1（つかまり立ち）レベルまで改善。活動性向上に伴い，許可なく売店で多量に菓子などを購入（床頭台に300kcal/個前後の菓子が 20 個以上，コーヒー 15 缶以上買い置き）あり。肥満のため，体重コントロールの必要性について指導を行い，返事はよいものの同じ行動を繰り返す。指示が入りにくいため，病院から提供する食事のコントロールを実施する。アルギニン含有栄養剤からコラーゲンペプチド，微量元素含有飲料へと変更 ⑥108 病日：看護師による間食管理を実施するが，隠れて菓子の大量摂取がみられた間食を見越し，食事エネルギー量調整実施（食事 1,800kcal，間食 300kcal），仙骨部褥瘡は改善傾向（DESIGN-R 21点）
栄養モニタリングと評価 （図 1-31）	①摂取栄養量：2,200kcal（充足率 103%）。アルギニン含有飲料やコラーゲンペプチド飲料を利用したたんぱく質摂取量 85g と，必要量を充足したことで，血清アルブミン値 2.3g/dL から 3.4g/dL と栄養状態が改善。精神疾患があり，指示が入りにくいが，管理栄養士による栄養管理と看護師による間食管理実施により，体重は 75kg から69.3kg（BMI 29.3 → 27.2）へ減量できた ②褥瘡：背部，右足背部は完治，仙骨部は手術適応であったが，本人の了解が得られず，薬剤のみでの治療となり，入院が長期に及んだ。入院時 DESIGN-R 31点が 21点まで改善
転帰	ADL が杖歩行可能なレベルまで改善したことに伴い，自宅への退院希望あり。褥瘡は，改善傾向であるが治癒には至っていないため，訪問看護・訪問診療を導入し，在宅で継続的管理を行う方針となる。精神疾患があり，一人暮らしのため，行政に協力を依頼し，配食サービス，生活の見守りなどの在宅生活継続のための体制を整備。栄養情報提供書を作成し，食事の注意点などについて，市のケースワーカーへ情報提供

　本事例は，管理栄養士による栄養管理だけでなく，多職種連携により全身管理を行ったことが，褥瘡の改善につながったと考える。

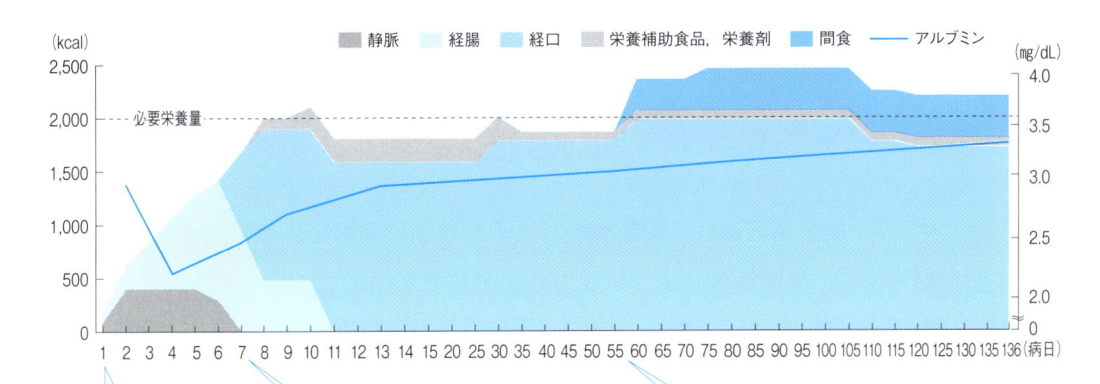

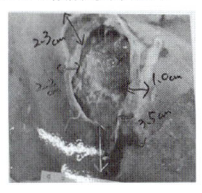

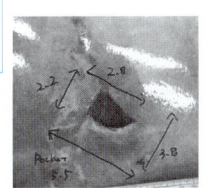

図 1-31　栄養投与量と栄養状態の推移

● 文献
1） 勝木道夫：低栄養（栄養不良）の問題と予防，介護予防と医療の総合情報サイトライフケア
　　www.lifecare.or.jp（2017 年 9 月参照）
2） 特定非営利活動法人メディカルケア協会：こんな工夫で何でも噛むカム
3） 公益社団法人日本栄養士会監修：国際標準化のための栄養ケアプロセス用語マニュアル，p.1-11，
　　第一出版，2012
4） 日本静脈経腸栄養学会編：日本静脈経腸栄養学会 , 静脈経腸栄養ハンドブック，南江堂，2011
5） 鈴木壱知，丸山道生，藤谷順子，他監修：臨床栄養認定管理栄養士のためのガイドブック，東京医
　　学社，p.218-224，2016
6） 日本褥瘡学会編：褥瘡ガイドブック第 2 版．照林社，2015
7） 日本褥瘡学会：褥瘡予防・管理ガイドライン第 3 版．褥瘡学誌 **14**：197-198，2012

6 認知症

　認知症とは，「一度正常に達した認知機能が後天的な脳の障害によって持続性に低下し，社会生活や日常生活に支障を来すようになった状態」[1]をいう。

　わが国における認知症の人の数は，2012（平成24）年で約462万人，65歳以上高齢者の約7人に1人と推計されている。正常と認知症との中間の状態の軽度認知障害（MCI；Mild Cognitive Impairment）と推計される約400万人と合わせると，65歳以上高齢者の約4人に1人が認知症またはその予備群ともいわれている[2]。

　認知症の原因は，脳の神経細胞の変性によるものと，脳以外の疾患によるものとに分類される。脳の変性によるものでは，その数は70種類以上あるといわれている。

　厚生労働省によると，認知症の原疾患は約70種類に分類されているが，わが国で特に多いのは次の4つといわれている。

　　①アルツハイマー型認知症（AD；Alzheimer's disease）

　　②脳血管性認知症（VaD；Vascular dementia）

　　③レビー小体型認知症（DLB；Dementia with Lewy bodies）

　　④前頭側頭型認知症（FTD；Frontotemporal dementia）

　①③④は，脳の神経細胞の変性によるもので，②は外的要因で起こるものに分類される。認知症により表出する症状を介助者が理解し，ケアすることが重要である。

　原疾患ごとに表出する認知症症状は様々である。特に，中核症状，周辺症状は疾患により特徴がある。対象者により，症状（問題点）も異なるということである。

　認知症の特徴と対応について述べる。

（1）アルツハイマー型認知症

　アルツハイマー型認知症の特徴は，記憶障害であり，新しい出来事について記憶することが困難になる。

　アルツハイマーの「5つのA」と呼ばれる行動的な問題と食事場面で考えられる例は，次のとおりである。

　　●Amnesia　健忘，記憶喪失：食べたことがわからなくなる

　　●Aphasia　失語：指示の理解が困難

　　●Agnosia　失認，認知不能：食べ物や食具が認識できない

　　●Apraxia　失行，行動不能：食べ方や器具の使い方がわからない

　　●Associated　付随する非認知的障害像[3]：一度にたくさん口に詰め込む

　このような特性に配慮した食事環境や介助法を検討する必要がある。

●**対応例**

①**食べたことがわからなくなる**　　食事を終えたばかりなのに「食事はまだか？」と何度も尋ねる。本人は本当にまだ食事をしていないと思っているので「さっき食べましたよ」と答えるなど否定することは適切な対応ではない。そこで例えば「今，準備をしていますよ」と言う。果物などを少量準備しておくことも有効である。

②**指示の理解が困難**　　そっと手を添えたり，介助者がその動作をやってみせたりすることで，動作が開始する場合がある（ミラーリング）。

③**食べ物や食具が認識できない**　　食べ物か食べられないものかわからない場合は，異食へつながる危険がある。ただし，本人は「異食」という意識はない（判断ができない）ため，咎（とが）めたりはしないようにする。食事場面では，食べ物ではないものを置かないようにする。

④**食べ方や器具の使い方がわからない**　　②と同様の対応が有効である。

⑤**一度にたくさん口に詰め込む**　　かき込んで食べるような行動がある場合は，使用する器を小さくし，少量ずつ盛り付ける。また，スプーンなどの食具を小さいものにするなどが有効である。

(2) 脳血管性認知症

　脳血管性認知症は，アルツハイマー型とは異なり，新しい記憶（記銘）は比較的保たれることが多い。損傷部位により，構音障害や運動機能障害などが起こる。運動機能を司る部位の損傷があると，摂食・嚥下障害を呈する可能性が高い。

　特徴的な症状と対応例を以下に示す。

●**対応例**

①**半側空間無視**　　食器の向きを変え，残っている食物が見えるようにする。滑りにくい食器を使用し，食べ物が視野の外に出ないよう工夫する。

②**遂行機能障害**　　食事の練習をする。家事，簡単な調理などを行う。

③**嚥下障害**　　状態に応じて，食形態，経管栄養などを検討し，実施する。

(3) レビー小体型認知症

　レビー小体型認知症は，脳の神経細胞の変性による認知症では，アルツハイマー型に次いで多いといわれている。パーキンソン症状を表出することが多い。また，日内変動や幻視が現れることも特徴的である。特徴的な症状[4]と食事場面で考えられる例は，次のとおりである。

①**幻視・幻覚**　　食事に異物が見える（虫がいるように見える）

②**パーキンソン症状**　　摂食行動がスムーズにできない，嚥下障害が起こる

③**レム睡眠行動障害**　　生活リズムの乱れ，傾眠などにより食事が摂れない

④**うつ**　うつ症状により拒食となる

⑤**自律神経症状**　生活リズムが乱れ，食事が摂れない

⑥**薬への過敏症**　薬の影響により，食欲不振となる場合がある

●**対応例**

①**食事に異物が見える（虫がいるように見える）**　食事の中に「虫がいる」，「毒が入っている」と言うことがある。例えば，ご飯にかけたふりかけや，料理に使用するゴマが虫に見えているため，その場合には取り除く（使用しない）のが望ましい。毒が入っている，という場合には一度下膳し，本人と確認した上で配膳することも有効である。

②**摂食行動がスムーズにできない，嚥下障害が起こる**　食具で食べ物をうまくつかめない，振戦により食べ物が食具からこぼれてしまう場合には，自助食器など，食具を適切なものに変更する。誤嚥も起こりやすいので，適切な食形態とし，日内変動（1日の中で調子のよい時と悪い時の変化）を考慮し，調子のよいタイミングで食事をすることも重要である。

　パーキンソン症状の食行動としては，嚥下反射や咳反射が低下することがある。また，振戦，前傾姿勢，姿勢反射障害による食事への影響も起こることがあり，症状に応じた食環境づくりが重要になる。食具がうまく使えず食べ物がつかめない・すくえない場合，手を支える食卓の高さが不適切だと振戦を誘発するため，食事姿勢や環境の調整をする。また，介助者がスプーンに食べ物を載せて渡したり，すくいやすい形状の食器を使用したりすることも有効である。姿勢が保てない場合には，補正のために肘掛けのある椅子を使う，クッションなどで補正することも必要となる。

③**生活リズムの乱れ，傾眠などのため食事が摂れない**　レム睡眠行動異常が直接的に食事へ影響するわけではないが，生活リズムの乱れから食事が摂れなくなる場合もあるため，覚醒状態や日内変動を確認し，食事をする。

④**うつ症状により拒食となる**　「頑張って食べましょう」ということは言わない。本人の好みのものを用意する。

⑤**生活リズムが乱れ，食事が摂れない**　③と同様，生活リズムを整えることが重要である。食事は，生体リズムを外界と同調させる上で重要である。

⑥**薬の影響により，食欲不振となる場合がある**　レビー小体型認知症では，薬の影響を受けやすいという特徴がある。服薬を始めてから食事量に変化がみられた場合には主治医に相談する。

　以上，摂食障害が疾患特性によるものか，抗精神薬への過敏性によって出現したものかを評価し必要に応じて対応することが大切である。

(4) 前頭側頭型認知症

　前頭側頭型認知症は，理性を司る前頭葉の神経細胞の変性によるため，社会行動の障害や人格の変化が現れることが特徴である。食事場面では常同行動や食欲の亢進，嗜好の変化（甘いものや濃い味付けを好む）といった食行動の変化が出現する。食行動異常の出現頻度は高いため，適切な対応が必要である。

①**食品や料理への固執**　　決まった食品や料理に固執する

②**食事途中での立ち去り**　　脱抑制の亢進による

③**食物を口中に詰め込む，早食い**

④**甘いものや濃い味付けへの嗜好の変化**　　口唇傾向，過食，飲酒の過多

●**対応例**

①**食品や料理への固執**　　目線を確認する，ワンプレートなど配食方法を工夫する。

②**食事途中での立ち去り**　　薬の副作用がないか確認する，動きながらでも手持ちで食べられるものなどを工夫する。

③**食物を口中に詰め込む，早食い**　　早食いのときに声をかける，少し噛み応えのあるものを提供する。

④**甘いものや濃い味付けへの嗜好の変化**　　低エネルギーの食品や人工甘味料を利用する。

心身障害者（認知症含む），食欲不振時の食事

(1) 疾患・症状による食形態

1) 脳卒中後遺症

　摂食・嚥下機能の一部に麻痺を生じることが多い。視覚から食事の確認，温冷の区別，嗜好は把握できるが，食物を口で感じとることが困難となる。また，麻痺の部位と健常部位が混在しているため，咀嚼・嚥下によるむせを引き起こしやすい。注意点を表1-49に掲げる。

2) 認知症

　病気の進行や症状は共通する場合もあるが，個々人によって異なる点が多い。一般的には失認・失行がみられ，発症から初期・中期・末期・終末期に分けることができる。各々で対応が異なってくる（表1-50）。

3) パーキンソン病

　特徴としては筋固縮があり，進行性である。一般的に振戦が見られる。食形態は，大き

表1-49　脳卒中後遺症患者の食材に関する注意点

大きさ	一口大が適しているが，本人の意思を尊重しする。持ちやすく，食べることができればそのままの状態とする（例：卵焼きなど）
硬さ	歯の状態など，咀嚼機能に合わせる
まとまり	口腔内で食塊形成ができるかどうか観察し，必要に応じてとろみをつけるか，固めるなど工夫する
滑り	喉への移送ができるかどうか，嚥下機能をみて安全に食事ができるよう，食形態を検討する
温度	健常部位と麻痺の部位が混在することが多く，個人差がある。特に熱いものが好きな人には「熱いですよ」と声がけしながら，やけどしない程度の温度で食事を提供する。温かい食事が適している場合が多い

表1-50　発症からの時期に応じた対応

初期	加齢から来る物忘れ・物への執着なのか，病気によるものかは判断がむずかしい 日々の生活を観察する。食事は，家族や健常者と変わらない 定期的な体重測定を行うとよい。認知機能の低下が疑われることは，食べているのに体重が減る，食べこぼしや下痢はない，消化器疾患・がんなどの病気はない場合で，吸収率の低下が考えられる
中期	加齢から来る物忘れ・物への執着，明らかに病的と捉えられる行動がみられる。ほかにも，食事に集中できない様子がみられる（例：食事中に立ち去る，手が止まる，口に溜め込む） 体重に着目し，体重減少があるときは，食事内容や回数増加など，食事提供方法を見直す（例：間食を入れ，栄養素量を増やす） 咀嚼嚥下に注意し，食べこぼしがないか，むせがないか注意し，食形態を見直す（例：ムースが適しているのか，食事を固めたほうが食べやすいのか，手で持てる食事がよいのかなど） 食事は，栄養素バランスも大切であるが，患者が喜んで食べるものを作るとよい。重要なのは，本人が安心感や楽しみをもつことである。場合によっては食事介助が必要であるが，できることは本人が行うことが基本で，できないことを補う形で介助を行う 症状は個人差が大きい。家族の負担を考慮し，専門家の支援を得ることが大切である
末期	食事では，食品の失認，食行動の失行がみられ，安全な食事に留意する。全面的な食事介助も必要となる 噛まなくても飲み込みやすいこと，とろみをつけ，むせないようにすることに配慮する。人によって適する食形態が異なるため，ゼリーやムース食なども少量ずつ食事介助し，適した食形態を見つける
終末期	口を開けることがほとんどできなくなる。果汁・スープに綿やスポンジを浸し，口を濡らすなど，誤嚥に注意する

さ・硬さ・滑り・温度について他と同じような対応であるが，食器具には注意が必要である。食事を落とさないようにしっかりつかめるもの，深さのあるスプーンなどの自助具を工夫する。

4）うつ病，拒食

　毎食，全量摂取していた人がある日突然食べなくなり，食事介助をしても口を閉じて食べない，または横を向いて食事を入れさせないなど，本人の意思による拒否であるところが認知症と異なる。家族や職員によるチームで対応する必要がある。具体的には，医師の指示に従い，励まさない・無理強いしないことが大切で，負担にならないようコミュニケーションをとり，食事は食べても食べなくても少量用意するとよい。

5）義歯・歯ぐきで食事をする人

　摂食量・食事状況を確認しての対応が必要である。すべてを軟らかい食品にはせず，本人の意欲・食欲を優先させる。

6）知的障害者

　今までの食歴（どのような食生活を送ってきたのか）を優先させる。好き嫌いが多いと捉えず，食べられない食品があることを理解する〔例：子どもの頃に食べていなかったため，多くの人が黒い食品（ひじき・のりなど）を食べようとしない〕。

7）視覚障害者

　糖尿病の増加などで失明する人が増えている。さらに高齢者では加齢によるものや，健診を受けていないなど発見が遅れ，視覚障害をもつ人が増えている。

　視覚障害をもつ高齢者には，何でも世話をやかず，静かに声をかけるか音で知らせ，本人ができることはしてもらうとよい。世話のやき過ぎは，ときに尊厳を傷つけ，自立心を失わせる。また，劣等感を抱かせ，依頼心を助長することになる。自立支援を念頭に対応すべきである。

　中途失明者への対応は，表 1-51 に示す。

表 1-51　中途失明者への食事対応

食事状況の観察	視覚状態を把握する。本人が自覚しないまま片眼失明している場合もあり，食事の際，片方の側だけ残しがち，歩くと片側に寄っていくなどがみられる。あるいは，失明を隠している場合もある（経済的な理由，自尊心が高いなど） 食事では，献立・配膳位置を説明する（声がけ，手で確認していただく），可視範囲へ食品を移動させる
調理の工夫	色彩には配慮し，白い器に白い食品を盛り付けない。食品が目立つ器に盛り付ける。切り方を工夫し，食べやすくする。箸・スプーンで食べやすい大きさに切る。喜ばれる料理にする。嗜好の傾向を把握する。食べ慣れた食事を提供する。食欲に配慮する。食形態が適したものか，むせ，食べこぼしがないか，下痢・体重減少がないかなどをみながら対応する

(2) 疲労の際の食形態

　疾患がなくとも，精神的・肉体的に疲労が溜まり，食欲不振になる場合がある。季節の変わり目や生活習慣の変化などで精神的・肉体的疲労やストレスが溜まったとき，運動不足や日常生活の不安があるとき，胃腸の調子が悪くなり食事を控えているうちに食欲不振になることがある。

　対策としては，疲弊やストレスを取り除くことであるが，ゆったりと入浴したり，家族・友人と語り合ったりして解消していくとよい。テレビ番組などで「笑う」ことも有効である。

　施設での経験では，バナナ・水ようかん・アイスクリームなどが有効で，食べ始めると食事量が増えていく傾向にある。何より家族や友人が心配してくれていることが伝わるのが有効といえる。食事は，一口だけでも食べることが大切である。施設での飲み物は，お茶よりも乳酸菌飲料，レモンティ，ミルクティ（市販品）が喜ばれ，糖質と水分の摂取量が円滑に増える。

　食欲不振時には，まずは一口でも食べてもらい，食べられる食品を優先して少量ずつ回数を増やしていく。徐々に食事量が増えてきたら，栄養素バランスに配慮した食事に切り替えていくようにする。

● 文献 ────────────────
1）日本神経学会監修：認知症疾患診療ガイドライン 2010，p.2，医学書院，2010
2）厚生労働省：認知症施策推進総合戦略（新オレンジプラン）〜認知症高齢者等にやさしい地域づくりに向けて〜（概要），2015
3）Kindell J/金子芳洋訳：認知症と食べる障害　食の評価・食の実践，p.2，医歯薬出版，2005
4）小阪憲司：レビー小体型認知症がよくわかる本，p.14，講談社，2014

7 運動器の障害

(1) フレイル，サルコペニア

　フレイル（虚弱，図1-32），サルコペニア（加齢に伴う筋肉量の減少）は，転倒・骨折から要介護状態や施設入所へとつながる要因の一つとされる。施設入所あるいは在宅療養の高齢者の多くが，フレイルもしくはサルコペニアに該当しており，活動量の低下から食欲低下，栄養状態の低下という悪循環（図1-26，p.64）に陥る可能性がある。身体的フレイルの要因の一つがサルコペニアである。

　サルコペニアは，摂食嚥下障害とも関連するため，残存機能を活かした食事上の配慮が必要である。

●栄養管理プロセス

　フレイル，サルコペニアに対する栄養管理は，低栄養状態に対する考え方に準ずる。

1）栄養アセスメント（栄養状態の評価）

　対象者ごとにアセスメントを行い，栄養状態の程度を確認する。サルコペニアの評価にはDEXA法（二重X線吸収測定法）あるいはBIA法（生体電気インピーダンス法）を用いた特殊な機器が必要となるが，MNA-SF（図1-29，p.70），握力や下腿周囲長（CC；calf circumference）測定（図1-33）によりスクリーニングを行うことも可能である。CC測定は，麻痺や浮腫がある側の下肢では測定しないように注意する。体重，BMIは重要な項目であるため，関節拘縮や麻痺などで身長の計測ができない場合でも，週1回〜月1回程度は体重測定を行うことが望ましい。血清アルブミン（Alb），ヘモグ

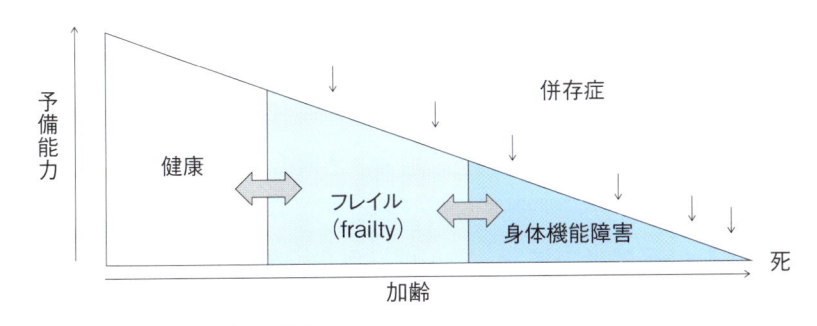

図 1-32　フレイルの概念

資料）山田陽介，山縣恵美，木村みさか：フレイルティ＆サルコペニアと介護予防.
　　　京府医大誌 **121**：535-547，2012

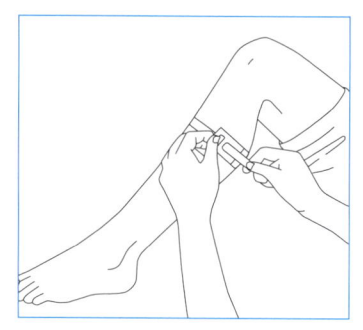

図 1-33　下腿周囲長の測定
注）麻痺や拘縮，浮腫のない下腿の最も太い部分を測定

ロビン（Hb）などの血液生化学検査結果があれば，評価に用いる。服用している薬剤が口腔状態や意識レベルに影響する場合もあるため，薬剤の種類と数の把握が可能であれば実施したほうがよい。

　食事状況は，施設であれば喫食割合の評価，在宅であれば本人もしくは介護者への聞き取りか喫食前後の写真撮影により評価する。水分摂取量に関するアセスメントも重要となる。

2）栄養診断（栄養状態の判定）

　食欲があるか，食形態が軟らかいものばかりになっていないか，むせの有無などの主観的情報（S），体重減少や食事量の評価結果などの客観的データ（O）を記録し，1）で実施した栄養状態評価とともに，栄養素等摂取量や臨床症状を記載する（A）。主観的情報や食事摂取量は本人への聞き取りがむずかしい場合，介護者への聞き取りが必要な場合もある。これらの情報を基に，根拠を示した栄養診断（PES）方式により記録を行う。栄養介入計画は，①モニタリング計画（Mx），②栄養支援計画（Rx），③栄養教育計画（Ex）を必ず記載する。

3）栄養介入（計画と実施）

　2）に従って，食事の支援内容を考えるとともに，栄養教育を実施する（P）。本人の理解力が乏しい場合，介護者や家族への教育が必要となる。食事量，体重が減っているようであれば，どのような形態のものが食べやすいのかなどを聞き取り，補食やとろみ剤の提案なども有効である。在宅で生活する高齢者の場合，市販の「やわらか食」や配食サービスの利用，調理方法の提案なども選択肢に含めておく。

　腎臓機能に問題のない高齢者の場合，たんぱく質の必要量は成人より多めの 1.0〜1.2g/kg 体重/日ともいわれており，たんぱく質摂取量が不足しないように考慮する。また，筋肉量や免疫維持に関与するビタミン D，筋たんぱく質合成に関与するロイシンなどの摂取量にも配慮する。

4）栄養モニタリング・評価

摂取量が増えているか，体重変化はどうか，身体状況はどうかなどについて経過観察を行う。3か月に1回は，体重もしくはCCの測定やMNA-SFによる評価を行うことが望ましい。

（2）骨粗鬆症

骨粗鬆症は，骨量（骨の容量）が減少することで骨の構造がもろくなり，少しの衝撃で骨折してしまう疾患である（図1-34）。特に，脚の付け根（大腿骨近位部）を骨折した場合，寝たきりや要介護状態になる危険性が高い。また，骨折を起こす高齢者は，低栄養状態やサルコペニアの状態になっていることも多い。

高齢者の骨粗鬆症は，閉経に伴う女性ホルモン（エストロゲン）の減少，カルシウムやビタミンDの摂取量不足，腎臓機能低下によるビタミンDの活性化障害，副腎皮質ホルモン製剤の長期服用や生活活動量の低下など様々な要因が関連する。症状は，背骨や腰椎に現れることが多いが，骨粗鬆症による圧迫骨折であっても痛みを感じなかったり，ただの腰痛として見過ごされている場合もある。

QOLやADLを低下させないため，食事バランスやカルシウム摂取量の増加と適度な運動を心がけることが必要となる。

●栄養管理プロセス

1）栄養アセスメント（栄養状態の評価）

対象者ごとにアセスメントを行い，栄養状態の程度，生活活動レベルを確認する。血清アルブミン（Alb），ヘモグロビン（Hb），アルカリホスファターゼ（ALP），血清カルシウム（Ca），糸球体濾過量（eGFR）などの血液生化学検査結果があれば，評価に用いる。骨粗鬆症かどうかは，骨密度や骨折の有無によって診断されるため，血液検査では判断できない。骨粗鬆症治療薬の服用の有無も把握しておく。骨折の危険性があるかどうかは，WHO骨折リスク評価ツール（FRAX®）によって評価することもできる（図1-35）。

食事状況は，施設であれば喫食割合の評価，在宅であれば聞き取りか喫食前後の写真撮影により評価する。骨折既往がある高齢者の場合，サプリメントなどによりカルシウムを多く摂取しており，腎機能障害につながる場合があるため，聞き取る際には注意する。

2）栄養診断（栄養状態の判定）

これまでに骨折したことがあるか，意識して牛乳や乳製品を摂っているかなどの主観的情報（S），BMIの程度（やせあるいは肥満），もしあれば骨密度測定結果などのデータ（O）を記録し，1）で実施した栄養状態評価とともに，栄養素等摂取量や臨床症状を記載する（A）。主観的情報や食事摂取量は，本人への聞き取りがむずかしい場合，介護者へ

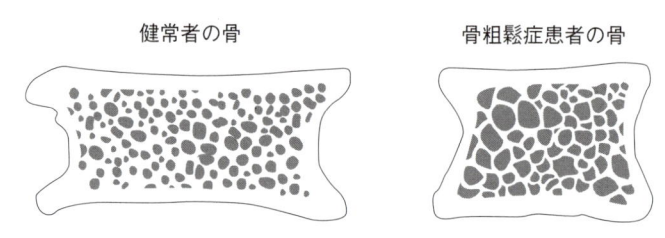

健常者の骨　　　　　　　　骨粗鬆症患者の骨

図 1-34　健常者と骨粗鬆症の骨断面

計算ツール
10年以内の骨折発生リスクを骨密度がある場合とない場合について計算するため，次の質問に回答してください。

国：　　　　　　　　名前/ID：

アンケート

1.　年齢（40〜90歳）あるいは誕生日

年齢：　　　誕生日

　　　　　　　年：　　　月：　　　日：

2.　性別　　　　　　　　○ 男性　　○ 女性

3.　体重（kg）

4.　身長（cm）

5.　骨折歴　　　　　　　○ なし　　○ はい

6.　両親の大腿骨近位部骨折歴　○ なし　　○ はい

7.　現在の喫煙　　　　　○ なし　　○ はい

8.　糖質コルチコイド　　○ なし　　○ はい

9.　関節リウマチ　　　　○ なし　　○ はい

10.　続発性骨粗鬆症　　　　　○ なし　　○ はい

11.　アルコール（1日3単位以上）　○ なし　　○ はい

12.　骨密度（BMD）

取り消し　計算する

図 1-35　骨折リスク評価ツール（FRAX®）

の聞き取りが必要な場合もある。これらの情報を基に，根拠を示した栄養診断（PES）方式により記録を行う。栄養介入計画は，①モニタリング計画（Mx），②栄養支援計画（Rx），③栄養教育計画（Ex）を必ず記載する。

3）栄養介入（計画と実施）

　2）に従って，食事の支援内容を考えるとともに，栄養教育を実施する（P）。本人の理解力が乏しい場合，介護者や家族への教育が必要となる。

　1日のカルシウム摂取量として 600mg 以上を目安とするが，現在，自身がどの程度，カルシウムの多い食品を摂っているか記録してもらうことも有用である。リンを多く含む加工食品などを摂取しすぎると，カルシウムの吸収を阻害するため，注意するように指導が必要である。

　一方，薬剤との関連として，活性型ビタミンD製剤を服用している場合，サプリメン

トなどによるカルシウムの摂取量増加で高カルシウム血症を起こす危険性がある。骨粗鬆症の治療薬であるビスホスホネート製剤は，上部消化管の粘膜障害を起こす可能性があるため，服用している場合，注意を要する。必要に応じて，訪問看護師や薬剤師に協力を依頼する。

4) 栄養モニタリング・評価

カルシウムを多く含む食品の摂取量が増えているか，骨折や腰の痛みなどがないか，身体状況はどうかなど，経過観察を行う。3か月に1回は体重の測定，ADLや食事摂取量の評価を行うことが望ましい。

8 終末期（看取り期）

　平成26（2014）年，全国老人福祉施設協議会が発表した看取り介護指針・説明支援ツールでの定義によると，「看取りとは近い将来死が避けられないとされた人に対し，身体的苦痛や精神的苦痛を緩和・軽減するとともに，人生の最期まで尊厳ある生活を支援すること」である。また，一般的には「無益な延命治療をせずに，自然の過程で死にゆく高齢者を見守りケアをすること」である。

　超高齢社会となった現在，死を迎える場所が病院などの医療施設や介護施設，在宅と，状況に合わせ本人・家族が選択できる環境になりつつある。

　医療機関ではターミナルケアが看取り看護（終末期医療・終末期看護）と訳されるように，点滴や酸素吸入などの医療行為が行われている。介護施設では，食事や排泄介助，褥瘡の予防など日常生活のケアが中心となる看取り介護が行われている。

(1) 病院

1）医療機関における終末期医療

　終末期医療は，痛みや苦しみを和らげることを優先する。痛みや吐き気，呼吸困難などの身体的な苦痛だけでなく，悩みや不安，生きがい喪失といった心の症状を緩和するため，医師，看護師，薬剤師，管理栄養士，理学療法士，作業療法士，ソーシャルワーカーなどの医療チームが家族と協力してケアに当たっている。病院でのケアの長所としては，医療スタッフが常にケアを行っており，急変があっても速やかに適切な対応をすることができるので，患者・家族にとって安心である。また，経済的なことや入院に伴う家族の生活のことなど，困ったときに相談もしやすい。しかし，面会時間が限られているなどの制約も多いため，家族と離れている間に患者の孤独感や不安感が膨らんでしまう心配がある。生活環境も，完全にリラックスできるよう整えるのはむずかしい場合がある。疼痛管理法についても，主治医だけでなく，緩和ケアチームから指導を仰ぐことが多い。

　終末期の医療では，地域包括ケアシステムの中で看取りまでできる地域づくりが望ましい（図1-36）。

2）栄養管理

　終末期における栄養管理において，必要エネルギーを充足するだけの栄養管理ではQOLの維持・向上はむずかしい。病気により食の嗜好が変化したり，生じる苦しみが大きくQOLに影響してしまう場合がある。終末期の栄養管理を行うためには，患者の食の特徴を理解し，患者個々の対応をすることが大切である。

　日本静脈経腸栄養学会「静脈経腸栄養ガイドライン（第3版）」において，緩和医療における栄養管理ルートとして，まず経口摂取が原則であり，本人の嗜好に合った食事の提供，栄養補助食品の投与なども有効とされている（表1-52）。症状に適応した食事の対応は，在宅の項を参照されたい。管理栄養士の介入により栄養摂取量が改善するとの研究報告があるので，管理栄養士がチームに参画することが求められている。

　栄養補給手段の選択は，患者または家族の意思を確認した上で進める必要がある。例えば，がんの終末期の場合には，がんの種類により栄養管理ルートを選択することとなる。乳がんや肺がんなどでは，消化管を最後まで使用可能であるため経口摂取や経管栄養法により栄養投与を行うが，胃がんや大腸がんなどでは消化管が使えなくなることが多く，静脈栄養法を最後まで継続することも多い。栄養ルートの選択は，患者や介護者のQOLに大きな影響を与えるので，患者の病状や介護環境家族の希望などを十分に考慮して選択することが大切である。患者の中には，入院中という環境の変化だけで食事量が落ちて栄養

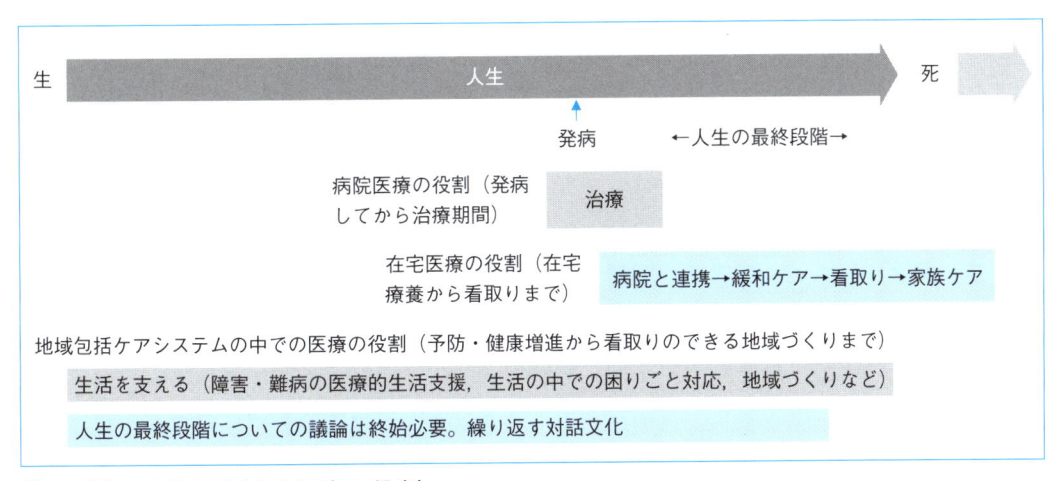

図1-36　人生における医療の役割

表1-52　緩和医療における栄養管理法の選択
Q4　緩和医療における栄養管理法の選択は？

Answer		
A4.1	可能な限り経口摂取あるいは経管栄養を選択する。	➡ A Ⅰ
A4.2	経口摂取・経管栄養が困難な場合にのみ静脈栄養を実施するのが原則であるが，患者・家族の意向を優先し，柔軟に対応する。	➡ A Ⅲ
A4.3	経管栄養に起因する合併症と不快感が緩和医療の目的を損なうことになる場合には，静脈栄養を選択する。	➡ B Ⅲ
A4.4	がんの進行や治療に伴う高度の消化管機能不全がある場合など，経口摂取・経管栄養が不可能または不十分な患者には静脈栄養の適応がある。	➡ B Ⅲ
A4.5	在宅緩和医療の可能性も考慮して栄養投与ルートを選択する。	➡ A Ⅲ

資料）日本静脈経腸栄養学会編：静脈経腸栄養ガイドライン第3版, p.347, 照林社, 2013

状態が低下している場合があるので，多職種と情報を共有し，食べるというきっかけづくりができるとよい。さらにカンファレンスでは，今後の病状の進行を予測し，栄養管理を行う。現在，食事が摂れていても病状が進み経口摂取が不十分になる可能性が高ければ，中心静脈栄養用のポート造設を検討することもある。いずれにしても，医療スタッフと患者および家族とが話し合い，適切な栄養管理方法を選択する。終末期には栄養管理の合併症で予後を短くすることなく，QOL を維持・向上できるように，栄養サポートチーム（NST；nutrition support team）の知識を最大限に活かした栄養管理が重要となる。

(2) 施設

　介護施設における看取り介護については，各々で看取りに関する指針を掲げている。看取り介護では，近い将来死に至ることが予見される方に対し，その身体的・精神的苦痛，苦悩をできるだけ緩和し，死に至るまでの期間，その方なりに充実して納得して生き抜くことができるように日々の暮らしを営むことを目的とし援助する。そして，対象者の尊厳に十分配慮しながら終末期の介護に心を込める。

　厚生労働省，「平成27年度介護報酬改定の効果検証及び調査研究に係る調査」によると，施設での看取りケアは，特別老人ホームの76.1%，老人保健施設の64.0%，介護療養型医療施設の81.9% が行っている。

　実際に，どのように行われているか，一例を述べる。

　まず，医師から本人・家族に，回復不能な状態で，近い将来死に至ることが予見される状態にあることが説明される。本人・家族が施設での死を望んだ場合，看取り介護の指針・重要事項説明書・急変時や終末期における医療などに関する意思確認書の内容を説明し，同意を得る。その人らしい最期が迎えられるように，看取り介護計画書が作成され，具体的にどのようなケアが行われるのか確認し合う。

　①日常のケアに加え，発熱・疼痛の緩和，褥瘡の予防
　②精神面でのケア：コミュニケーションの重視と環境整備
　③医師の指示に従い，在宅酸素など必要な医療の確認
　④家族に寄り添い，家族の負担軽減への支援の開始

　看取り介護の開始後，本人・家族が死をどのように迎えるか，考えは変わることがある。その場合は，看取り介護を中止することができる。死に対し，悔いが残らないような最期を迎えられるようしたい（表1-53，54）。

　幸いにして，長く激しい苦痛の中，死を迎えた高齢者は，著者の経験では今までいない。病院から施設に戻ってくるときに，ご自身が「死」を受け入れ，静かにその時を迎えるように感じる。あるいは，認知症の進行などで苦痛に対し敏感ではないのかもしれない。

　家族に囲まれた最期を迎えて頂けるよう，状態を細かくみているが，家族が間に合わない場合では，死の予見のむずかしさを痛感し，申し訳ない思いが職員の心に残る。

表1-53　**末期胃がんの方の看取り事例**

事例	89歳女性 末期胃がん	家族構成と家族歴	
職業	無職	親族は遠方	
身体状況			
既往歴		市販薬	特になし
現在までの生活活動状況	積極的医療は望まないということで帰苑		
栄養アセスメント	経口摂取はできない アイスクリームが好き		
ケアプラン（総合的な方針）	看取りの介護計画書作成 身体介助，口腔ケア，整容の実施 職員が出勤・退勤時，声掛けに訪問する		
栄養管理計画	スポンジに果汁・水分を含ませ，唇を湿らせる アイスクリームをスプーンに付着させる程度口に含ませる		
経過と結果	フロア職員の声掛けにうなずき・口を動かし挨拶していた アイスクリームの甘味を感じ，目を開くなどの反応をみせた 我慢強い性格からか，苦痛を訴えることなく眠るように永眠 皮膚状態異常なし		

　看取り介護を行う場合，その人らしさについての意見交換を行い，各チームで何ができるかを話し合い，環境整備や食事提供を行っている。

　看取りを終えた際には検討会を設け，振り返りを行って故人を偲んでいる。

(3) 在宅

1) 在宅における終末期医療

　在宅医療は病院医療と違い，所属の違う多職種（医師，訪問看護師，管理栄養士，薬剤師，ケアマネジャー，ヘルパーなど）が協働して医療や介護を提供するサポート体制をつくり，本人・家族の支援を行っている。可能な限り在宅療養を続けるほうが，よりその人らしく生活することができ，自身のリズムで療養生活を続けることができる。病院で行っている医療処置など，在宅では困難な内容がある場合には病院スタッフと連携し，在宅で継続可能な内容に変更する。在宅担当スタッフは，本人・家族に対して提供できる在宅療養の内容などについて説明をし，不安や疑問を取り除くよう努力している。在宅医療ならではの不安や負担を軽減するためには，在宅医療を支えるスタッフと本人・家族とがしっかりコミュニケーションをとることが重要である。さらに，必要に応じて病院スタッフと

表1-54　末期肺がんで認知症の方の看取り事例

事例	95歳男性　認知症 末期肺がん	家族構成と家族歴	
職業	無職	本人□———○妻 　　　子┬○ 　　　　孫	
身体状況			
既往歴	入苑時より末期がんの診断	市販薬	特になし
現在までの生活活動状況	1週間に一度，家族が来苑していたが，看取りとなり毎日来苑となる		
栄養アセスメント	主食：粥　副食：一口大の刻み 甘い栄養補助食品（プリン）を提供 摂食量：毎回全量摂取が1/3に減少		
ケアプラン（総合的な方針）	看取りの介護計画書を作成 身体介助・口腔ケア・整容の実施 情報交換を詳細に行う		
栄養管理計画			
経過と結果	家族で相談し，誕生日を1日早めて妻・子・孫が施設で昼食後，にぎやかに祝う 誕生日ケーキを持参したため，2回お祝いできると言われる 家族に囲まれ，楽しそうな表情で過ごす 実際の誕生日を迎える日付が変わった夜中に永眠		

の連携がすぐにとれる体制づくりが必要である。

2）栄養管理

　在宅においては，本人・家族のQOLを考慮した栄養治療と栄養管理が重要となる。本人の状態や介護者の介護力などの様々な状況，そして在宅に移行後の急速な状態変化に応じて適切な栄養管理法を選択できるよう，情報共有することが重要である。

　住み慣れた自宅で，家族や大切にしてきたものに囲まれて療養生活をすることが本人の表情を和らげ，食が進むようになることもある。食べたいときに自由に食べられるという環境も在宅ならではの利点である。

　食事で十分な栄養摂取ができない場合には，在宅中心静脈栄養法（HPN；home parenteral nutrition）を行うが，ある程度の医療行為を本人・家族が行わなければならない。このような在宅医療ならではの不安や負担を軽減するためには，在宅医療を支えるスタッフと本人・家族とがコミュニケーションをとることが重要である。経口摂取量が低下してくると，食事が摂れなくなることで体力が落ちて死が近づいてくると感じ，不安が増大する。このようなとき，本人・家族の不安や悩みを相談できる環境をつくることが大切

である。「好きだったものを少しでも食べてみたい」，「飲み込めないが味わうことができるのか」という思いに応えるために，管理栄養士の知識や技術が必要である。「食べる」という行為は生きる源であり，最期のそのときまで，支えていけるよう，地域包括ケアのもと，その人の食べたい思いをかなえることが，生き続けることを支援することにつながっていく。

●症状に合わせた食事の工夫

本人の病状や症状に合わせて食事の工夫を行う。次に食事のポイントを示す。

①**嘔気，嘔吐**　冷たくすると匂いが抑えられるので，冷菜としておいしく食べられる料理とする。酸味のある食べ物も好まれる。食事量は少量・頻回食とする。少量で食べられるだけの盛り付けは苦痛にならず，食べられたことの満足感を与える。

　〈料理例〉　冷しそうめん，サンドイッチ，のり巻き，冷奴，サラダ，酢の物，柑橘系の
　　　　　　果物，アイスクリーム，シャーベットなど

②**疼痛などの苦痛による食欲不振**　苦痛を取り除き（疼痛コントロール），食事ができるような安楽な時間をつくる。疼痛のないときに食べられるものを用意しておく。

③**味覚の変化**　口腔ケア・うがいなどを行う。味覚に合わせた味の調整を行う。特定の調味料が障害になっている場合には，その調味料を避ける。味が感じにくい場合には濃いめの味付けとし，薬味・香辛料を取り入れる。また，微量元素（亜鉛）が不足している可能性もある。

　〈料理例〉　カレー，丼もの，焼きそば，いなり寿司，味噌汁，亜鉛含有飲料

④**口内炎・口腔内乾燥**　軟らかく，水分を含んだ飲み込みやすい料理とする。塩味，酸味が強く，熱いもの，硬いものは控える。症状が強いときは，固形物を少なくすると痛みが軽減する。口腔内の乾燥が強いときには，こまめに水分補給したり氷片をなめたりするとよい。または，口腔ジェルで保湿しておく。放射線治療などにより口内炎や唾液分泌低下などがみられる場合は，口腔内を傷つけないよう水分を含んだ食事が適している。

　〈料理例〉　そうめん，おじや，ぞうすい，温泉卵，ごま豆腐

⑤**腹部膨満感**　少量ずつ消化のよいものを摂る。少量しか摂取できないときには，良質なたんぱく質や炭水化物を中心にするとよい。

　〈料理例〉　頻回食，にゅうめん，ぞうすい，卵豆腐，春雨，スープ

⑥**消化管の狭窄**　消化管に負担がかからない低残渣・低刺激の食材を選択する。流動食が通過できる場合には，ポタージュスープやスムージーのような流動的な料理は摂取できる。流動物でも通過が困難な場合には，少量の氷片（レモン水など）を口に含むこともよい。また，本人が経口摂取を望む場合には，食物を口腔内で味わって，その後，吐き出すなどの対応は QOL の維持につながる。

　〈料理例〉　コーンスープ，スムージー，イオン飲料

●食事環境の工夫

①**食事の時間と回数**　　規則正しく時間どおりではなく，食べたいときに食べたいものを用意する。

②**食事量の工夫**　　栄養価や量に捉われない。食べたいときに食べられるだけにする。

③**食形態，食器，視覚的な工夫**　　大皿ではなく，小皿に少量食べられる量だけ盛り付ける。ひとつかみで持って食べられるもの，一皿盛り（ワンプレート）にするなど，食べることが重荷にならないような工夫がよい。

④**嗜好に応じた工夫**　　思い出，思い入れのある食べ物などなら食べられることがあるので，本人・家族とのコミュニケーションが重要である。

3）コミュニケーション

　終末期の本人・家族に最後まで寄り添える管理栄養士として，コミュニケーションをうまくとることが求められる。最近では，スピリチュアル・コミュニケーションが大切といわれており，患者と向き合うときの7つの心得を挙げておくので参照していただきたい（表1-55）。

表1-55　患者に向き合うときの7つの心得

①慰めたり励ましたりする必要はない―よいことを言おうとせず，安定した態度で聴く
②むずかしいと考えない
③対等な人間として向き合う―同じ弱さを抱えた人間として寄り添う
④人格と出会う
⑤背伸びせずありのままで向き合う
⑥患者の問題を代わりに負おうとしない
⑦よき理解者，"応える"存在として，そばにいる

岡本拓也：スピリチュアル・コミュニケーション，医学書院，p.63-110，2016

2章

食支援と介護献立例

1 在宅における食事

1 在宅での食支援

　在宅管理栄養士の仕事は，在宅高齢者が抱えている様々な問題をいち早くみつけ，適切な栄養・食支援を行うことである。その方法は，医療専門職種，検査機器が整っている病院や医療機関で行うのとは大きく異なる。そのため，在宅の現場では栄養管理プロセスに沿って適切な情報を収集し，その場で正しく評価し，他職種と連携を図りながら可能なプランを提供する能力が求められる（図1-2, p.3）。

　栄養アセスメントの項目には，身体計測・生化学検査・食事内容評価などがある（表2-1）。身長，体重の測定は栄養管理の基本であり，在宅でできる一番簡単な栄養管理の評価法である。BMIや%理想体重を求めることにより，栄養状態の判定を行うことができる。また，食事内容評価は指導方針を決める重要な項目の一つであるが，食事を見ただけでエネルギーや栄養素を把握できるのは他職種にはむずかしく，管理栄養士の高い能力が発揮される場面である。

　しかし，「日本人の食事摂取基準2015年版」では，食事内容評価によって得られるエ

表2-1　栄養アセスメント

項　目	内　容
基本事項	家族状況，経済状況，利用しているサービス，地域との関わり
身体機能・健康状態評価	既往歴，現病歴，主訴，臨床検査，ADL，摂食嚥下機能
身体計測	身長，体重，体重変化率，上腕周囲長，上腕三頭筋脂肪厚，上腕筋面積，体脂肪率
生化学検査	血清アルブミン，トランスサイレチン，トランスフェリン，レチノール結合たんぱく質，総リンパ球数
精神機能評価	躁うつ，閉じこもり，生活意欲，認知機能
生活環境評価	台所環境，調理器具，食事場所，共食者
食事内容評価	食事回数，時間，栄養補給方法，摂取状況，食形態，摂取エネルギー・栄養素量，水分補給法
調理に関する能力・知識評価	食事・栄養への関心，調理技術
現在の支援状況	配食サービスの有無，居宅サービス計画書

ネルギー摂取量をそのままエネルギー摂取量と考えるのは困難であること，エネルギー摂取量の管理は体重推移を記録し，その結果に基づいて行うことが望ましいことが記載されている。よって，栄養モニタリングを行う際は，体重の増減とエネルギー摂取量の双方の経過をみる。体重 1kg の増減は約 7,200kcal の過不足であることから，1 日当たりの過不足エネルギー量も計算上求めることができる（図 2-1）。そして必要エネルギー量に対して過不足になっている原因をみつけ，実施可能な解決策を探っていく。

●3 か月で体重 5kg 減（増）の場合
5kg×7,200kcal＝35,000kcal 不足（過剰）
35,000kcal÷90 日＝388.88……
1 日当たり約 400kcal 不足（過剰）

図 2-1　過不足エネルギー量の求め方

（1）在宅での食事調査

　食事内容評価を実施する場合に用いられる食事調査は，通常，主な調理担当者が記録を行うが，老老介護などで調理担当者の記録がむずかしい場合，介護ヘルパーが食べたものを聞き取り記録しておくこともある。また，記録ができない場合は，訪問した際にその場で聞き取る方法もある。在宅で食事調査を行う際の最大の特徴は，実際に使用している食器や，調味料，食材がその場に揃っているということである。実際に食べているものを確認しながら食事調査を行うため，より正確な食事調査となる。しかし，冷蔵庫の中を見ると，その家の食費や食に対する本質が推測できるため，抵抗を感じる方が多い。そして，食事に関することを色々と聞かれ，注意されるのではないかと嫌がられることも多い。食事調査というのは，プライバシーに踏み込む行為でもあるという意識をもって，真実を聞き出すためには，まずは受け入れられる姿勢を我々調査する者が心得ていることが大切である。十分な信頼関係を築けるよう，誠意をもって臨む。

（2）食事調査法の特徴

　在宅での食事調査に向いている方法としては，以下の 2 つが挙げられる。それぞれの特徴を次のようにまとめた。各食事調査法の長所・短所を把握して対象者によって使い分ける。食欲の有無は変動するものなので，できれば 1 週間程度の期間で考え，1 日平均の摂取エネルギー量を把握する。1 週間にわたる評価がむずかしいのであれば，3〜4 日の平均でもよい。

　ここでは，食事記録法，24 時間食事思い出し法について述べる。

1）食事記録法

　摂取した食物を調査対象者が自身で記録用紙に記入し，栄養素摂取量を管理栄養士が計算する。対象者が調査票に記入する際，以下の3つに分類される。その際，記入漏れがないか，また目安量の場合，具体的な大きさや量を聞き取りながら行う必要がある。写真記録の場合，大きさの目安になるよう，箸やものさしなどを一緒に撮ると把握しやすい。

・秤量記録法：食前に重量を測定し記入する。
・目安量記録法：目安量（茶碗1杯など），容器に記載された重量を転記する。
・写真記録法：食前後の写真を撮る。

〈長所〉
・実際に食べた内容そのものの情報が得られる。
・対象者の記憶に依存しない。

〈短所〉
・対象者に労力と協力を必要とする。
・調査期間中の食事が，通常と異なる可能性がある。

2）24時間食事思い出し法

　前日の食事，または調査時点からさかのぼって24時間分の食物摂取を，調査員が対象者に質問していく。フードモデルや写真（在宅の場合は実際に家にあるもので）を使って，摂取した目安量を尋ねる。

〈長所〉
・対象者の負担が小さい。

〈短所〉
・聞き取りを行う調査員の技量に影響を受ける。
・対象者の記憶に依存する。

　聞き取る際は，主観で決めつけないで客観的に調査を行えるよう，表2-2のようなツールを利用する。食品や分量を調査者の基準で勝手に決定したり，回答の誘導をしないよう，一つひとつ料理の材料，調理法や量を確認していく。また，地域による調理特性（東京に住んでいても調理主が北海道出身の場合，味付けの傾向が異なることもある）なども注意する。聞き取りの際は，開かれた質問（5W1H）に従って聞いていくと，必要な内容を具体的に聞き出すことができ，すべて正確な調査を行うことができる（表2-3）。

　また，どのような調査法を用いたとしても様々な要因によって誤差が生じるため，摂取量を正確に評価することはむずかしく，食事調査の限界がある。生じうる誤差やその対処法に関して理解を深めた上で，正しく調査を実施することが望まれる。

表2-2　**食事調査に有用なツールの種類**

・フードモデル	・料理カード
・写真	・関連書籍
・実際の食品もしくは包装容器	・食器や箸
・計量カップ，計量スプーン	・はかり
・ものさし	

表2-3　**食事調査における開かれた質問（5W1H）**

When いつ　Where どこで　Who 誰が→具体的な質問
What 何を　How どのくらい・どのように　Why なぜ→広がる質問

- いつ：朝食，昼食，夕食，間食，夜食
- どこで（食べた，入手した）：家庭，学校，職場，飲食店，スーパーマーケット
- 誰が調理した：自分自身，家族の誰か，飲食店
- 何を（主食，主菜，副菜，汁物）：ご飯，八宝菜，握り寿司，パスタ，ハンバーグ
- どのくらい：150g，1人前，大さじ1杯，コップ1杯，ペットボトル1本
  どのように：茹でる，焼く，炒める，揚げる
- なぜ食事を：残したのか，選んだのか

（3）エネルギー・栄養素量把握

　前記の方法で食事情報を集めることができたら，在宅の現場では，その場でエネルギー・栄養素量を把握する能力が求められる。そのためには，食材の量とエネルギー・栄養素が頭に入っていなければならない。これらはすぐに身につく能力ではなく，日々の積み重ねが必要である。管理栄養士のスキル不足では適切な指導ができない。また，担当する管理栄養士によって結果が大きく左右されるため，標準化がむずかしいこともいわれている。

　慢性腎不全や肝硬変などの場合は，成分表で細かく計算する必要があるが，それ以外は大雑把に50〜100kcal単位，また外食・中食の場合は料理単位で概算したほうが簡便である。コンビニエンス弁当の場合，栄養素量の部分を写真撮影または記録してもらうとよい。

　1日の摂取栄養素量の集計方法は，3食と間食，飲酒をそれぞれ個別に計算し，最後に合計する。3食の食事や間食・飲酒習慣を個別に把握することにより，血糖値，中性脂肪の上昇を把握することができる。菓子などは種類も多く，製品により大きさが異なるため，正確な栄養量を把握するのはむずかしいが，多少摂取量に幅があるのは仕方がない。細かいエネルギー量にこだわるのではなく，菓子を食べる習慣が多いのか少ないのか，動物性脂肪が多いのか炭水化物が多いのか，それとも塩分の多い菓子を好むのかなど傾向を把握することが重要である。また，BMIが高いほど過小申告の程度が大きい[1]。さらに，食べ

ていないものを記録することはないが，食べたものを忘れることは多々あることなどを念頭に置いて行うとよい。

(4) エネルギー・栄養素量判定に求められる技能

エネルギー産生栄養素，水分，塩分は最低限評価する必要がある。栄養素量を把握する際に求められる技能として，ⅰ．一般的な料理に用いられる食品や調味料の構成と量を把握している，ⅱ．料理別に調味%を理解している，ⅲ．食品の重量を推測できる，ⅳ．調理変化に関する知識（廃棄率，吸油率など）をもっているなどが挙げられる〔吸油目安：炒め物7%（食材の重さに対して），揚げ物10〜15%（食材＋衣の重さに対して）〕

日々の食事から，食材の食品成分や概量を確認，食材や調味料を量りながら調理をする習慣をつくることが近道である。また，調理による重量・吸油率の変化，料理ごとの調味%も覚えておくとよい。調理現場経験のある管理栄養士・栄養士は，感覚が身についているため強い。重量感覚さえ身についてしまえば，摂取栄養量の把握が簡単になる。80kcalを1単位として一覧になっている糖尿病交換表を参考にしながら行うと，エネルギー計算を簡単にすることができる。糖尿病交換表は，栄養素の特徴ごとに表1〜6に分けられているため，ざっくりとした平均的なエネルギー産生栄養素を把握することもできる。

聞き取るポイントを次にまとめた。

①**主食**　　献立の半分のエネルギーを占めるので，使用している茶碗を見ながら具体的な量を把握することが望ましい。主な主食のエネルギーは，頭に入れておくとよい。

②**主菜**　　主にたんぱく質量の把握を行う。高齢者では，不足していることも多いので，毎食あるかどうか確認する。また，種類の偏りはないかも確認する。

③**副菜**　　野菜の量の把握として，1食分120gの目安は手ばかりで生野菜なら両手1杯，温野菜なら片手に乗る量。

④**塩分量・水分**　　高齢者は，味覚の閾値が高くなることによって塩味の濃い食事を好む傾向にある。塩分測定器で数値化し，目で見て確認するとよい。また，唾液分泌量低下や口腔内乾燥などから水分量が増えることもある。いつも使用している湯呑やコップの内容量を計測して確認する。高血圧，腎臓病，心臓病では，水分量，塩分量を細かく確認する必要がある。逆に夏では，体液量が減少し，夏バテなどで食欲が低下していると，知らず知らずのうちに脱水になっていることもあるので，季節ごとの注意も必要である。また，地域による味付け，食材の特徴が異なることがあるため，確認する（表2-4）。

(5) ケア計画の作成方法

ケア計画の基本は，冷蔵庫や食品棚にあるものを利用し，その方の生活の中で負担にならずに工夫できる方法を一緒に見つけていく。食事というのは，毎日繰り返し行う行為であり習慣である。どれほどすばらしい内容の計画であっても，対象者の生活に合っていな

表 2-4 塩分含有量

調味料	含まれる塩分 g		料理ごとの調味%（主材料に対して）		
	小さじ 1	大さじ 1	ご飯 （米に対して）	炊き込みご飯	1.5
塩	6.0	18.0		酢飯	1.2〜1.5
しょうゆ	0.9	2.6		チャーハン	0.5〜0.8
減塩しょうゆ	0.5	1.5	焼き物	魚の塩焼き	1.0〜2.0
みそ	0.8	2.4		魚のムニエル	1.0
ソース	0.4	1.2		豚の生姜焼き	1.5
ケチャップ	0.2	0.6		ハンバーグ	0.6〜0.8
麺つゆ（3 倍濃縮）	0.5	1.6	煮物	魚の煮つけ	1.5〜2.0
ポン酢	0.5	1.5		里いもの煮物	1.2〜1.5
マヨネーズ	0.1	0.3		青菜の煮びたし	1.0〜1.2
和風ドレッシング	0.4	1.1	炒め物・その他	野菜炒め	1.0〜1.2
フレンチドレッシング	0.2	0.5		酢豚	1.2〜1.5
	1 人分重量/塩分 g			酢の物	1.0
和風だしの素	1g/0.3			おひたし	1.0〜1.2
中華だし	1g/0.4		汁物 （だし汁に対して）	みそ汁	0.6〜0.8
コンソメ	5g(1 個)/2.4			吸い物	0.5〜0.7
麺つゆ（3 倍濃縮）	50mL/5.0			ポタージュ	0.2〜0.5

資料 1（p.148）も参照

いと継続は見込めない。調理することが多いのか，中食が多いのか，好んで食べているものなどを把握した上で，目標栄養量を習慣的に摂るための調整となる。そのためには，以下の点を把握する必要がある。

　①環境把握（家族構成，購入方法，調理環境，調理技術，経済状況）

　②機能把握（身体能力，口腔状態，摂食能力）

　③食に対する価値観（嗜好，回数）

　④その他食に関するニーズ

2 在宅での介入

（1）在宅での栄養管理プロセスの実際

　川崎市に住む T さんに対し，2013 年 11 月より訪問栄養食事指導を開始した。医師からの指示は，「基本的な心不全の栄養療法と低栄養の改善」であった（表 2-5）。

　栄養スクリーニングより，栄養状態高リスクと判定した（図 2-2）。

　栄養アセスメントを行い，さらに問題点の抽出を行う（図 2-3）。

表2-5　心不全と低栄養の方の訪問栄養食事指導事例

			家族構成と家族歴
事例	81歳男性　要介護1 COPD，高血圧，うっ血性心不全，緑内障		一人暮らし
職業	無職		
身体状況	150.0cm，49.2kg，BMI21.9（半年で3.9％体重減少），体脂肪率29％，徐脂肪組織（LBW）36.2kg，上腕周囲長（AC）28cm，上腕筋囲（AMC）24.5cm（112％），上腕筋面積（AMA）48cm²，上腕三頭筋皮下脂肪厚（TSF）11cm（110％），腹囲88cm	家族：娘，孫	
		市販薬	特になし
	【生化学データ】 血清アルブミン2.7g/dL，ヘモグロビン12g/dL，空腹時血糖92mg/dL，総コレステロール215mg/dL，クレアチニン0.79mg/dL，BUN11mg/dL		
既往歴	入院歴：平成25年10月29日〜11月2日狭心症，平成25年11月8日〜12月2日肺炎		
現在までの生活活動状況	在宅酸素使用，夜間NPPV（非侵襲的陽圧換気療法）		
栄養アセスメント	聞き取りによる食事摂取量：摂取エネルギー量1,500〜1,800kcal，たんぱく質30g，水分摂取量1,500mL。水でむせあり 間食：ほとんどなし。サイダーをコップ5杯（600mL）/日		
ケアプラン（総合的な方針）	居宅サービス計画書 本人：住み慣れた場所で一人暮らしを続けたい。安心して外出できるようになりたい 　　　呼吸が苦しくなると不安になる。リハビリをして呼吸を楽にしたい 家族：一人暮らしで心配。訪問介護に対応してもらいたい。ほこりの掃除をしっかり行ってほしい		
問題点	＃1　たんぱく質摂取不足（60％） ＃2　腹部膨満感による一回食事量の低下 ＃3　水でのむせ込み ＃4　炭酸水摂取過多 ＃5　食材・調理法管理不足		
栄養診断	＃1〜4に基づき，＃5が原因となったたんぱく質・エネルギー摂取不足（による低栄養状態）（NI-5.3）である		
栄養介入	長期目標：在宅で安心して生活を送る 短期目標：低栄養改善，体重・筋力増加 提供栄養素等量：エネルギー1,700〜1,800kcal，たんぱく質60〜70g，塩分6g未満， 　　　　　　　　水分1,500〜1,800mL 多職種との連携：リハビリテーションとの連携により，筋力増加		
経過	たんぱく質量を増やすため，日常使っている皿を活用して皿に盛った状態でのおかずの目安をおぼえてもらう（図2-5）。また，すぐにお腹がいっぱいになってしまうので，夕食を小分けにし，19時と21時などにするとともに，ドレッシングなどの油を上手に取り入れる（図2-6）。 栄養教育：①皿盛り療法，夕食を2回に分け，頻回食 　　　　　　②水と炭酸飲料は控え，他の清涼飲料水に変更 　　　　　　③冷凍惣菜を小分けにし，袋に名前を記入		

別紙1

栄養スクリーニング（通所・居宅用）（様式例）

記入者氏名　中澤　　作成年月日 26 年 2 月 4 日

利用者名	（ふりがな）...............		男	要介護度	1
生年月日	明・大・昭 7 年 11 月 1 日（ 8 才）		女		

（主治医の意見書が入手できた場合には裏面に添付）

低栄養状態のリスクレベル

	現在の状況	□低リスク	□中リスク	☑高リスク
身長(cm)（測定日）	150 (cm)（ 26 年　月　日）			
体重(kg)（測定日）	49.2 (kg)（26 年 2 月 4 日）			
BMI	21.9	☑18.5〜29.9	□18.5 未満	
体重減少率(%) 5kg減→49.2 は（ 6 ）か月に（3.9 ）%（増・減）		□変化なし（減少3%未満）	□1 か月に 3〜5%未満 □3 か月に 3〜7.5%未満 □6 か月に 3〜10%未満	□1 か月に 5%以上 □3 か月に 7.5%以上 □6 か月に 10%以上
血清アルブミン値（g/dl）（測定日）（検査値がわかる場合に記入）	2.7 (g/d)（26 年 11 月 15日）	□3.6g/dl 以上	□3.0〜3.5g/dl	☑3.0g/dl 未満
食事摂取量	1500〜1800 kcal	□良好 主食（76〜100%）	☑不良 （75%以下）内容：たんぱく質摂取量	
栄養補給法	経口			□経腸栄養法 □静脈栄養法
褥　瘡				□褥瘡
栄養面や食生活上の問題からの低栄養状態のおそれ	□ なし　☑あり「あり」の場合の理由（複数回答可）☑疾患（脳梗塞・消化器・呼吸器・腎臓疾患）□身体状況（発熱、風邪など）□ライフイベントによる精神的ストレス□閉じこもり□認知症		□手術・退院直後の低栄養状態□口腔及び摂食・嚥下機能の問題□生活機能低下（買い物、食事づくり等）□うつ□その他（　　　　　　　　）	

図 2-2　栄養スクリーニング

別紙2

栄養アセスメント　（通所・居宅用）　（様式例）

【Ⅰ】

利用者名	（ふりがな）	男・女（男に○）	要介護度　1 備考
生年月日	明・大・昭（昭に○）7年 11月 1日		
実施日	H26年 2月 4日	記入者	中澤
家族構成とキーパーソン	本人 ― 孫 嫁（教員）	主たる買い物担当者	孫
		主たる食事準備担当者	〃
主たる介護者		主たる共食の者	一人
身体状況、栄養状態、食事・栄養補給に関する利用者及び家族の意向	体のために何を食べたら良いのか		
主観的な健康感・意欲（心身の訴えを含む）	①よい　2まあよい　3ふつう　4あまりよくない　5よくない	自由記述	

食事の提供のための必要事項

実施日	H26年 2月 4日	記入者	中澤
嗜　好	アルコール，焼酎3合　今はのんでいない		
禁　忌	きらい（納豆，ヨーグルト）．		
アレルギー	なし		
療養食の指示			
食事摂取行為の自立	OK		
形態	常食　、水でむせこみあり		
環境	独居		
特記事項			

多職種による栄養ケアの課題

実施日	26年 2月 4日	記入者	中澤

低栄養状態関連問題

- ☐ 1 皮膚（　　　　　）
- ☐ 2 口腔内の問題
  - ☐ 痛み　☐ 義歯の不都合　☐ 口臭
  - ☑ 味覚の低下　☐ 口が渇く　☐ むせ
- ☑ 3 食欲低下
- ☑ 4 摂食・嚥下障害
- ☐ 5 嘔気・嘔吐
- ☐ 6 下痢（下剤の常用を含む）
- ☑ 7 便秘
- ☐ 8 浮腫
- ☐ 9 脱水（腋下・口唇の乾燥等）
- ☐ 10 感染
- ☐ 11 発熱
- ☐ 12 経腸栄養
- ☐ 13 静脈栄養
- ☐ 14 医薬品の種類と数、投与法、食品との相互作用

※　特記事項

具体的に記載

図 2-3　栄養アセスメント

【Ⅱ】
生活機能・身体機能・身体計測（＊必要に応じて記入）

項　目	実施日 26年 2月 7日 記入者			実施日 26年 6月14日 記入者		
生活機能・身体機能						
握力＊(kg)（利き腕　）						
体　量 (kg)	49.2	（	％）	50.8	（	％）
BMI	21.9					
通常体重 (kg)						
体重変化率 (%)		（増加・減少）		4ヶ月 +1.6kg	（増加・減少）	
下腿周囲長＊ (cm)	43	（	％）	44	（	％）
上腕周囲長 (cm)	28	（	％）		（	％）
上腕三頭筋皮脂厚(mm)	11	（110	％）		（	％）
上腕筋面積 (cm²)	45	（	％）		（	％）

（％）：JARDの50パーセンタイル値（中央値）を100%として換算

臨床検査（検査値がわかる場合に記入）

項　目	実施日 25年11月 5日 記入者	実施日 26年 5月28日 記入者
血清アルブミン (g/dl)	2.7	3.8
ヘモグロビン (g/dl)	12.0	15.0
血糖値 (mg/dl)	92	153
総コレステロール (mg/dl)	170	232
クレアチニン (mg/dl)	0.79	0.52
BUN (mg/dl)	11	16.2

経口摂取量（①）※		実施日 26年 2月 4日 記入者	実施日 26年 6月 4日 記入者
食事	主食（割）	100％	100％
	副食（割）	70％	100％
	エネルギー (kcal)	1500～1800kcal	1800kcal
	たんぱく質 (g)	30g	60g
	水分 (ml)	1500ml	1500ml
栄養補助食品	種類		
	1回の量 (ml(g))		
	頻度（回）	X	X
	エネルギー (kcal)		
	たんぱく質 (g)		
間食	種類		
	1回の量 (ml(g))	あまり食べてない	少量ずつしか入っていか
	頻度（回）		ないため、毎回1食
	エネルギー (kcal)		
	たんぱく質 (g)		
合計	エネルギー (kcal)①	1500～1800kcal	
	たんぱく質 (g)①	30g	
	水分 (ml)①	1500ml	

※摂取量を把握する際には、利用者の負担にならないよう、ごはんなどの主食、主菜、飲料等の状況をおおまかに把握し、それをもとに管理栄養士がエネルギー、たんぱく質、水分補給量をおおよそ推算し記入する。

図 2-3 続き

　在宅酸素機器タブレットのメモ帳機能に毎日の食事の内容を記録してくれているため，こちらを基に食事調査を行う。冷蔵庫や食品棚内の食材を実際に確認しながら，詳細を聞き取る（図2-4）。

　次いで，問題点の抽出と栄養診断を行う。栄養診断はあくまでも栄養状態の総合的な判定に特化したものであり，病気判定の医師診断とは全く異なる。そして，問題点を一つひとつ解決できるような栄養介入を行う。その際，本人の気持ちを組み込んだ目標提示があると，一貫した内容で行うことができる（表2-5）。

　栄養教育について，今回はお膳法で行った。冷蔵庫に入っているもので，1食に必要な食事を揃える。実際に食べているものを並べるので，目で見てわかりやすい。また，量も皿の大きさで確認する。食材と皿の組み合わせにより，必要なバランスがわかる（図2-5，6）。栄養介入を成功させるためには，多職種との連携が必須である。今回は，理学療法士（PT）が介入し，筋力増加の支援を行い，看護師やヘルパーが在宅酸素器タブレットのメモ機能で食事内容を確認した。

（2）冷蔵庫・食品棚活用料理

　冷蔵庫の中にあるものは，本人が食べたいと思って選び購入しているものである。またヘルパーに代理で購入してもらっている場合であっても，基本は欲しいものを注文している場合が多い。食材を購入する際の必要栄養素を満たすための選択方法を指導することも必要である。外出ができる方の場合，いつものスーパーマーケットへ一緒に行き，買い物をする方法もある。ヘルパーへ頼む場合は，連絡ノートを通じてお願いする。このようにして，冷蔵庫，食品棚に好ましい食材が並ぶようになれば，より必要栄養素を満たす近道になる。それらを組み合わせ，本人に合った献立表を作成する方法や，食材を組み合わせて簡単に作れる料理の提案などもする（表2-6，図2-7）。

> ■メモ（200文字まで）
> 冷蔵庫　満杯，外出，カラオケ，PM6時帰宅
> 朝食　焼き魚　豆腐みそ汁　ご飯，昼食　回転寿司，
> 夕食　ロースかつカレー

図2-4　メモ機能による食事内容

図 2-5　皿盛りによるたんぱく質の増量指導

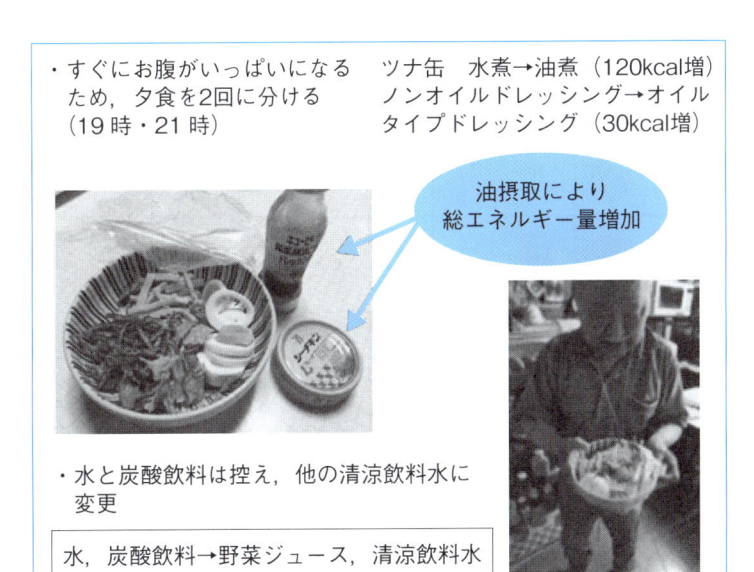

図 2-6　頻回食とエネルギー量増加の工夫

表2-6　冷蔵庫・食品棚によくある食材と簡易料理例

たんぱく質源食材	その他食材	簡易料理例
ツナ缶	ご飯	チャーハン…ツナ缶＋卵＋ご飯
ミックスビーンズ	食パン	納豆トースト…納豆＋チーズ＋食パン
さば缶	トマトジュース	さばのトマト煮…さば缶＋ミックスビーンズ＋トマトジュース
納豆	チーズ	リゾット…チーズ＋ご飯＋トマトジュース
卵	吸い物の素	茶碗蒸し…卵＋吸い物の素
牛乳	コーンスープの素	濃厚コーンスープ…牛乳＋コーンスープの素

図2-7　1週間の献立表（サイクルメニュー）

食材の色を揃えてバランスのよい食事を作る方法。食べるものが決まっている方にお勧め。いつも食べている食材を組み合わせて1週間の献立表を作成。食材の種類により赤黄緑の3群に分ける。対象者の普段の食事で置き換えて一覧表を作成する。

赤■：体を作るもとになるもの（たんぱく質）
黄□：エネルギーとなるもの（炭水化物・脂質）
緑■：体の調子を整えるもの（ビタミン・ミネラル）

● 参考文献

1) Kobayashi S, Murakami K, Sasaki S, et al.: Comparison of relative validity of food group intakes estimated by comprehensive and brief-type self-administered diet history questionnaires against 16 d dietary records in Japanese adults. *Public Health Nutr* **14**: 1200-1211, 2011

2 食べさせ方

1 口腔機能の維持 −口腔ケア−

　口腔を清潔に保つことは，口の中の細菌叢を改善し口腔疾患予防のみならず，特に高齢者にとっては日々の生活の刺激となり，インフルエンザなどの気道からの感染を防ぐ効果も大きい。また，口腔ケアは，咳や嚥下の反射機能などの面からも口腔機能向上に有効である。

　脳に障害を負ったとき，顔や口，喉に麻痺が残ったり，また加齢や認知症の進行とともに口の機能が低下し，口腔内の筋肉の協調性が失われ，自浄作用が低下してしまう場合がある。口の中はそのままにしておくと不潔な状態になり，細菌の塊を唾液や食片や痰とともに誤嚥することで，誤嚥性肺炎を引き起こす原因となる。口腔ケアは，単なる口腔清掃ではなく，全身の感染予防や食べる力の維持・回復を担う役割をもつ。狭義には口腔の衛生管理に主眼を置いた口腔清掃（＝器質的口腔ケア）をいい，広義にはそれに加えて口の廃用を防ぎ機能を回復させる口腔リハビリテーション（＝機能的口腔ケア）を指す。

　表 2-7 に，口腔機能のチェック項目を示す。

表 2-7　口腔機能チェック

①口の中（歯や歯ぐきや粘膜など）に痛みがある	⑧口が開いたまま口呼吸している
②歯ぐきが腫れて出血しやすい	⑨口臭が強い
③歯がぐらぐらする	⑩食べこぼしが多い
④入れ歯が合わない	⑪食事に時間がかかる
⑤粘膜に傷や潰瘍ができている	⑫食が進まない
⑥唾液が少なく口の中が乾いている	⑬食べ物の味がしない
⑦よだれが多い	⑭むせやすく，度々熱が出る
	⑮痰が多い。喉のゴロ音が多い

　表 2-7 の症状がみられたときは，歯科医師や歯科衛生士による専門的口腔ケアの指導を受け，どうすれば食べられるのか多職種で検討することが大切である。

（1）口腔ケア＝肺炎を予防する

　食べ残しなどを取り除くために食後に行うことが多く，食べる力が低下している人やむせが多くみられる人（特に高熱を繰り返している人）には，食事の際に細菌も一緒に飲み込むことのないように食前に口腔ケアを行うことが必要となる。

（2）口腔ケアの手順と実際

　口腔ケアに入る前に，その日の顔色やバイタルサインをチェックし，体調を確認する。全身のリラクセーションのため，深呼吸（できれば腹式呼吸）を数回繰り返し，肩や首すじを揉みほぐして緊張を取っておく。また，ケアに入る前に，必ず呼びかけて覚醒させ，会話をして気分をほぐすことも有効。姿勢は，足底接地をしっかり取った座位が基本。できれば端座位を取ってもらう。座位が取れない場合には状態に応じ，セミファーラー位から徐々にギャッジアップして行う。

　含嗽ができれば**歯ブラシを使用**し，<u>顔面神経麻痺のある場合</u>は口内の動きが制限されていて，誤嚥の危険性があるため，くるリーナブラシ・スポンジブラシや舌ブラシの使用を考える。口腔のアセスメントを確実に行い，その人に合った方法を選択する（図2-8）。

〈歯磨きのポイント〉

・歯磨きは，口内の細菌を減らし，誤嚥性肺炎を予防する。

・歯磨きの際は，力のかけすぎを防ぐため歯ブラシを鉛筆のように持ち，歯と歯ぐきの間のプラーク・食物が取れるよう歯先を45°に傾けて行う。

・入れ歯は毎食後外し，入れ歯と，入れ歯を取った口内を磨く。

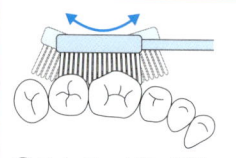 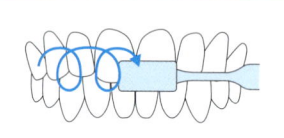 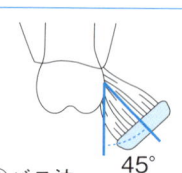 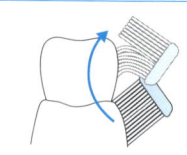

①スクラッピング法
歯ブラシの毛先を歯面を直角に当て，前後に細かく振動させる方法

②フォーンズ法
歯ブラシの毛先で円を描くようにこする。細かい部分に磨き残しが出る

③バス法
歯ブラシを鉛筆のように持ち，歯と歯肉の境目に毛先を45°の角度で当て，細かく振動させる方法。歯周ポケット部の清掃に効果的

④ローリング法
歯ブラシの毛先を歯に沿わせて当て，圧をかけたままゆっくりと回転させる方法。歯肉のマッサージ効果が高い

図2-8　口腔ケア（ブラッシング）の方法

（3）口腔内マッサージとストレッチ

　食べる機能が落ちていたり，食が進まない方のために行う口のリハビリテーションの一つである。くるリーナブラシ・スポンジブラシなどで行う。ブラシの先は粘膜を傷つけないよう，軽く水を含ませてから口に入れる。きれいな水を入れたコップを2つ用意し，一方で汚物を落とし，もう一方ですすぎながら，水分を軽く切って口腔内に挿入する。口腔乾燥が著しいときは，保湿剤（マウスピュア®，オーラルバランス®など）を口腔内粘膜や口唇に塗布してから始める（図2-9）。

　口の中に溜まる液や唾液は，口角を下げて排出したり，こまめに拭い取るか，吸引する。

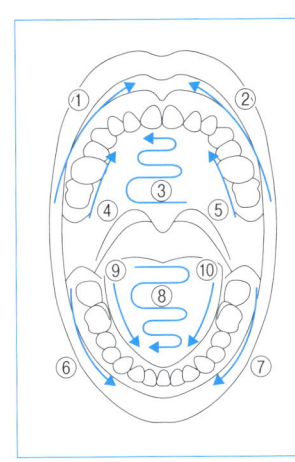・①②上唇・頬粘膜を内から外へ伸ばすように前後上下にストレッチ。
　同時に上の外側の歯肉（歯茎）のマッサージも奥から手前に
・③上顎の粘膜（口蓋粘膜）を奥から手前に。痰があれば絡め取る
　咽頭反射の弱い場合はアイス棒などで寒冷刺激をする
・④⑤次に上の歯肉の内側
・⑥⑦下唇のストレッチとともに，下の歯肉を奥から手前に
・⑧舌背（舌の上）を奥から手前に
・⑨⑩舌の側縁から裏にかけて奥から手前に。義歯が入っているとき
　は外して行い，ケアの後，装着する。口腔乾燥が進んでいるときは，
　保湿剤を義歯内面に塗布して戻すとよい

図 2-9　口腔内マッサージとストレッチ

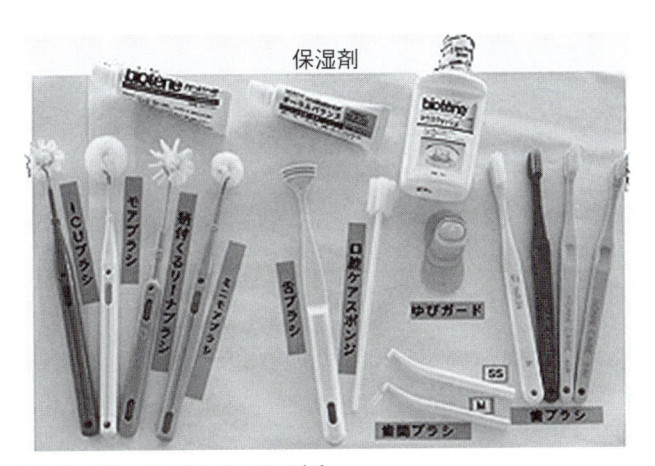

図 2-10　口腔ケア用品例

　くるリーナブラシによるケアは非常に楽に行え，特に柄付きのものは介護者が容易に行えるため，老老介護でもお勧めできる。咽頭付近のマッサージで咳反射が誘発され，痰の喀出が容易になってくる。口腔ケア用品は，用途に応じて使い分けるとよい（図 2-10）。

（4）口腔リハビリテーション

　摂食・咀嚼・嚥下障害や構音障害を有する人はもちろんのこと，顔・口・喉などに麻痺が残ったり，機能が衰えた人のために，またこれらの機能の維持増進に，口やその周辺を刺激し，活性化する口のリハビリテーション（以下，口腔リハビリ）が必要となる（表 2-8）。

　脳卒中（脳出血，脳梗塞，くも膜下出血）や事故などによる頭部外傷，神経変性疾患（パーキンソン病，ALS，アルツハイマー病など），また，老化や認知症の進行などで口の領域に麻痺を生じたり，働きが衰えてきた場合，食べ物の認知，取り込み，咀嚼，喉への送り込み，飲み込みなど一連の作業がうまく働かず連携ができないために，口から食べ

表2-8　口腔機能低下の方の機能回復事例

事例	92歳男性　介護度3 口腔機能低下による舌機能低下，認知症	家族構成	
職業		本人 □───○妻 長女 □───○	
身体状況	むせがたまにあり，摂取不良 体重減少，口腔機能低下，舌機能低下 唾液粘稠性		
		服薬	ムコダイン，アリセプト，抑肝散，ニコラシジル
既往歴	狭心症，逆流性食道炎，脳梗塞，認知症（レビー小体）		
現在までの生活活動状況	不定愁訴が多く不安感も強い。嚥下障害があり誤嚥に注意 食べることが好きだが摂食不良が続いている 家族も食事の対応に悩んでいる		
栄養アセスメント	摂食嚥下障害，舌根沈下あり，認知症により食事一口量の調整困難 食欲低下，栄養状態不良		
ケアプラン（総合的な方針）	口腔リハビリシートを作成し，口腔機能の維持向上を図る。 デイサービス，ショートステイを利用し，食事指導，住宅への食支援		
栄養ケア計画	歯科医師と連携し，舌機能向上を図る。姿勢・一口量の調整不可→小スプーンに変更 摂食状況に応じ食事形態の調理指導，栄養補助食品の導入		
経過と結果	歯科医師による義歯の調整，口腔リハビリとしてモアブラシ®などを使って舌のストレッチを図り，飲み込むときの舌挙上力をつける（図2-11） 口腔ケアの徹底で唾液の粘稠性も改善し，食事摂取が良好になり，体重増加（35.2kg→41.8kg，BMI14.9→17.7） 栄養状態が改善し（Alb3.5g/dL→3.8g/dL），歩行可能となった		

姿勢・一口量の調整不可 小スプーンに変更

声かけをして，自分の力で舌を動かす体操も行う

指で上唇・鼻翼付近のストレッチ 囲み部分が柔軟に動くと，もっと発語・食事がしやすくなる

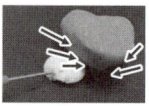
モアブラシで舌の下をゆっくりと押していく

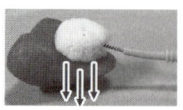
舌の真中を下にゆっくりと押す

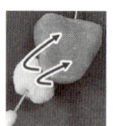
モアブラシを舌の下から斜め上に動かす

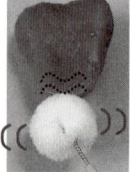
舌尖の端をモアブラシで震わせるようにして刺激する

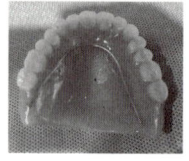
粘稠性の唾液　　　上義歯の高さ調整

下顎の下を指で押し，爪を立てないように注意し，下顎骨に添って，耳の下辺りまでゆっくりと押す唾液腺の刺激や，飲み込むときの舌の挙上する力をつけるストレッチ

図2-11　口腔リハビリテーションの実際

ることに障害を来すことが起こる（摂食・嚥下障害）。さらに，言葉の認知ができなかったり（失語症），うまく発音できなかったり（構音障害）することがある。心肺機能の障害により呼吸機能が衰えることもある。

　これらの障害は互いに密接に関連している。つまり，食物を目で捉え，手で口に運び（手と目の協調），咀嚼し唾液とよく混ぜ合わせ，食塊を形成し，嚥下し，消化管に送るという機能を支えるために，呼吸や発音の機能も重要になってくる。

　　注）口から食べていないチューブ栄養の人の食前口腔リハビリ：口の機能を廃用状態にさせないよう，十分に行う必要がある。口を使わない人ほど，唾液による自浄性が低下し，汚れやすくなる。また，濃厚流動食の注入に際して，前準備として消化管の蠕動を促すとともに，消化液の分泌をスムーズに導き，栄養物の消化吸収を助ける効果もある。

1）口腔乾燥の対処

　降圧剤，向精神薬，睡眠薬，利尿剤，抗痙攣剤，抗コリン剤，抗パーキンソン剤など，薬剤の副作用によって唾液分泌が抑制される。また，脱水や口腔機能の低下，腎障害や糖尿病，甲状腺機能異常，自律神経のアンバランスによっても生じる。

　口から食べていないために，口が廃用状態になっている場合，特に乾燥しやすくなる。この場合，口を開けたまま呼吸をしていることが多く（特に睡眠時），乾燥が促進される。顔のマッサージによる唾液腺の刺激や，口腔粘膜のマッサージによって口の中を潤す。乾いた口腔は，細菌が繁殖しやすく，唾液による抗菌作用・免疫作用が低下し，感染症を起こしやすくなる。

　対策として，口腔体操や舌体操も効果がある。乾燥がひどい場合は，保湿剤を粘膜に塗り，スプレーする。

2）開口障害の対処

　食いしばりが強く開口保持がむずかしい場合は，顎や顔面をマッサージしたり，手の平をカップ状にして頤下部を軽く叩いてリラクセーションを図ってから，開口してもらうようにする。唇を指や歯ブラシの毛先でソフトに刺激して声がけし，開口を促す。頬側の歯ぐきを指で擦ったり，軟らかい歯ブラシ（モアブラシ®など）でマッサージしてから歯ブラシを舌側に入れると，開口しやすくなる。意識障害のある場合などは，K-ポイントに指先を入れて刺激し，開口してもらう。

2　食事姿勢

　摂食嚥下機能の低下した人にとって，安全に食事を摂るためには食事の形態はもちろん，食事摂取時の環境を整えることが重要である。なかでも，姿勢の調整は誤嚥のリスクを軽減し，安全に食べるための要素の一つである。その理由として，食道と気道は下咽頭で分離しており，嚥下時には声門が閉鎖され，気管に食べ物が入らないようになっている。しかし，咽頭の機能が低下していると，嚥下反射の遅れやタイミングのずれなどにより誤嚥を起こしやすくなる（図2-12）。そこで，姿勢を調整することで，誤嚥を防ぐとともに低下した嚥下機能を有効に働かせることができる。

　本項では，座位保持が可能な場合と，ベッド上で食事介助が必要な場合の食事摂取時の姿勢のポイントについて述べる。

　姿勢の調整においては，座位保持が可能な場合も，ベッド上で食事介助が必要な場合も，「頸部がリラックスしている姿勢をとる」，「顎を引く」，「四肢体幹が安定する」ことがポイントである。顎を引く角度は，対象者の顎の下に指が3～4本入る空間を保持するとよい（図2-13）。頭頸部が安定しない場合には，枕やクッションなどを使用する。

　顎引き姿勢は，口腔と気管に角度がつくので，誤嚥を起こしにくくなる。顎が上がると，口腔と気管とが直線的になるため，むせやすくなる。

1）椅子に腰かける場合

　椅子に腰かける場合は，背もたれのある椅子に，腰と椅子の間にすき間ができないように深く腰かける。足は大腿が浮き上がらないようにし，床にしっかりつける。足を床につけることで，自然と前かがみの姿勢となり，誤嚥を防止する。足が床につかない場合には，踏み台などで調節する。テーブルの高さはおへそ位置で，椅子に座ったとき，距離が握りこぶし1個分の隙間が空く程度がよい（図2-14左）。

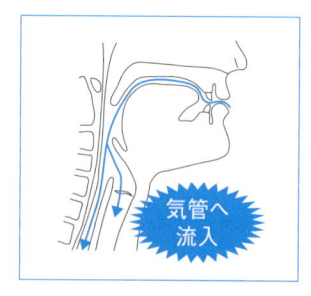

図2-12　誤嚥

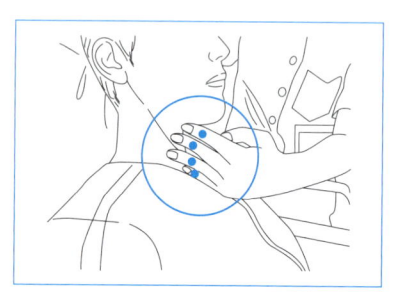

図2-13　頸部前屈位
注：顎から胸までの距離は3～4横指
　　無理のない自然な姿勢で

2）車椅子の場合

　基本的には，椅子に腰かけるときと同じである。一般的な車椅子の座面は傾斜（前方がやや高め）している。このため，筋力の弱い高齢者や麻痺のある方は，重心を前方に移動することがむずかしくなる。そのため，フットレストを外して踏み台を置き，足底が床につくようにし，車椅子の座面にクッションを敷いて，座面が水平になるよう調整すると，頸部はやや前屈で骨盤が起きて前かがみとなる。片麻痺の場合は，麻痺側に体が傾きやすくなるので，左右の骨盤や，肩が傾かないように，タオル，クッションを使って適宜体幹の傾きを補正し，調整する。麻痺がある場合は，カットアウトテーブルを車椅子に取り付けて，麻痺側の手を下げずにテーブルの上に置いて身体を安定させるとよい。

3）ベッド上（リクライニング車椅子）の場合

　座位での食事が困難な場合は，リクライニングの椅子やベッド上で体幹角度（リクライニング位）を調整する（図2-14右）。

　ヒトの頭頸部を側面から見ると，気管は前方に，食道は後方に位置しており，リクライニング位の姿勢をとることで，口腔から咽頭へ送り込んだ食塊は咽頭後壁を伝ってゆっくり通過する。そのため，嚥下反射の遅れ，タイミングのずれなどによる誤嚥や咽頭残留を防止できる。また，直接気管に入ってしまうリスクを軽減することができる。

　ベットのギャッジアップの角度は，嚥下評価の状態によって30°，45°，60°に調整する。お尻の位置は，ベッドの背上げ屈曲点に骨盤の出っ張り部分が来るように，体の位置を調整する。さらに，ベッドの膝折り曲げ頂点と膝の位置を合わせ，膝の下にクッションを入れると，体が滑りにくくなって安定する。麻痺があれば肘クッションを置き，体が傾かないようにする。

　片麻痺がある場合は，健側を下にした側臥位にし，食塊が重力で下側にある健側を通過させる。

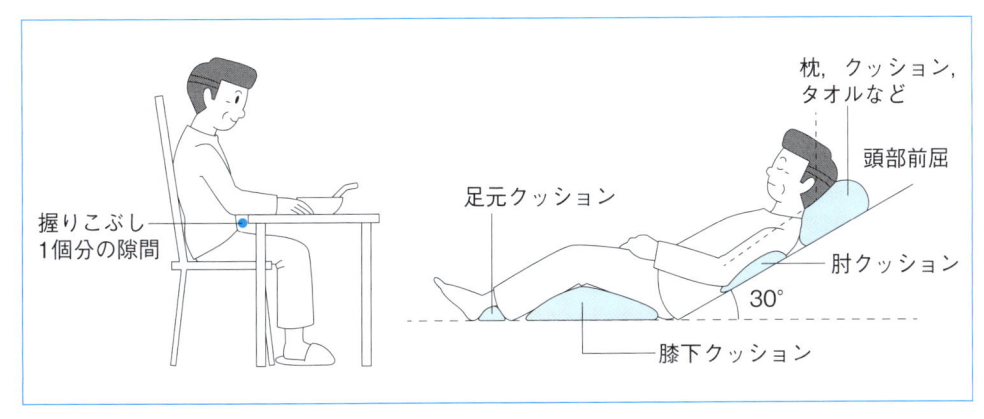

図2-14　座位とリクライニングでの基本姿勢

4）介助者の姿勢，位置

　介護者は，対象者と同じ目線で介助を行えるようにする。立ったまま介助を行うと，対象者の顎が上がりやすくなり，誤嚥を誘導する原因になる。

5）病院，施設，在宅の連携

　病院や施設では，安全な食事姿勢や食形態，食べ方などを評価し，専門職種が連携して食べることへのアプローチを行い，食べる機能に適応した環境設定が十分に行われている。しかし，在宅においては食環境やマンパワー，適正な食形態などが病院，施設とは異なっている。摂食嚥下機能の低下している対象者は，療養環境や時間とともに変化するので，医療，介護福祉施設や在宅に移動するにあたり，円滑な情報伝達により安全に食事が摂れるようにすることが重要である。そのためには，地域の関係者が包括的な地域連携システムを構築し，いつ誰がみても的確に対応できるような連携ツールを使用するなどの方法を用いるとよい。

● 文献
1）加藤武彦，黒岩恭子，田中五郎編：食べられる口つくり口腔ケア＆義歯，医歯薬出版，2007
2）金子芳洋，加藤武彦，米山武義編：食べる機能を回復する口腔ケア，歯界展望別冊，2003
3）道　健一，黒澤崇四監修/道脇幸博，稲川利光編：摂食機能療法マニュアル，医歯薬出版，2008
4）藤谷順子，小城明子編：摂食嚥下障害の栄養食事指導マニュアル，p.154-166，医歯薬出版，2016

3 展開食

1 献立作成のポイント

　在宅生活で日々の献立を考えるのは，主に食事担当者である。家族の好みを中心に，季節の食材を使った献立，体調を気遣う献立など，食事の目的に合わせている。加齢に伴い，健康に留意した献立が実践されることが望ましい。

・**バランスのよい食事**
　①3食に主食・主菜・副菜・汁物が組まれている（オムライス・かつ丼などは，主食・主菜が合わさったもの）。
　②1日に1回は，果物などデザートを入れている。

・**朝食**　高齢世帯での朝食は，パン食が最近多くなっている。これは，調理の手軽さが一番の要因であろう。また，パン食の献立では，主食がご飯に代わっても違和感がないといえる。夕食からの時間が空くため，朝食では十分な水分・栄養素を摂ることが重要である。

・**減塩食**　高血圧・心臓病などの疾患をもっている人だけでなく，これらの予防のためにも必要な食事である。ただ，「味気ない」，「おいしくない」という印象が強いというのが現状である。おいしく感じる食事のポイントを挙げると，
　①だしを使うことで素材の味を活かす
　②酢・柑橘類を活用し，食塩を控える。それぞれ酢の物，調味料（焼き魚など）として食塩の代わりにする
　③砂糖などの甘味を控える
　④香辛料・香味野菜などを活用する
　⑤野菜・果物を多く摂取する（腎機能低下，腎臓病の場合は避ける）
　⑥すべてを薄味にするのではなく，メリハリをつけた献立にする
である。以上に留意し，減塩食は健康によい食事と意識して，家族で取り組んでいく。

・**糖尿病食**　色々な食品を3食バランスよく組むことから，健康的な食事と考えられる。在宅者では，極端にエネルギー制限をしている例が多くみられる。定期的な通院と検査を行い，食生活内容の妥当性を検証しながら病気と向き合っていただきたい。糖尿病食は，エネルギー制限食である。糖質を控え，野菜・きのこ・海藻などを多めに摂取することでボリュームを増やし，満足感のある献立を組んでいく。

2 常食からの展開

　日常生活における食事形態を表2-9，展開例を表2-10に示す。

表 2-9　日常生活における食事形態表（常食からの展開）

副　食	嚥下食ピラミッド	嚥下学会分類	対　象	主　食	魚料理	肉料理	煮　物	餅
常菜	普通食	普通食	咀嚼嚥下に問題のない方					もち米とさつまいもを同割に歯切れよくし，粘りを出さないように臼でこねる
一口大	普通食	普通食	箸が使えない方（片麻痺の方）歯の欠損がある方	ご飯，おにぎり	小スプーンに乗る大きさが基本	↓	↓	↓
1cm刻み	L4	嚥下調整食4	咀嚼障害がある方歯茎でつぶせる方比較的飲み込みはよい方	半粥（軟飯）	細かく刻んでとろみがけ			市販介護食の軟らか餅・ゼリー
ムース	L4	嚥下調整食3	咀嚼障害がある方歯茎や舌でつぶせる方	全粥または酵素粥	ばらつかないよう軟らかく調理し整形		↓	↓
ペースト	L3	嚥下調整食2	咀嚼嚥下障害がある方	粥ゼリーミキサーにかけ，唾液による離水を防ぐためにゼリー状にした粥	残渣がないようミキサーにかけ，硬くならないように整形			粥ゼリーで餅を形成
ゼリー食	L2 L1	嚥下調整食1	重度の嚥下障害がある方		栄養ゼリー・プリン，L1用介護食など			
ゼリー食	L0	嚥下調整食0j〜1j	重度の嚥下障害がある方		イオン飲料ゼリー麦茶ゼリー			
流動食			口腔内の送り込みができない方		高栄養食品，ジュース，コーンクリームスープ			
経管栄養			経口での食事ができない方		メイバランス，インスロー，エンシュア			

表 2-10 常食からの展開（実際の展開例を紹介する。）

| | | 常食 | | | エネルギー制限食 1,200kcal | |
	献立名	食品名	数量(g)	献立名	食品名	数量(g)
朝食	トースト	食パン6枚切り	60（1枚）	トースト	食パン6枚切り	60（1枚）
	ハムエッグ	卵	60	ハムエッグ	卵	60
		ロースハム	20		ロースハム	10
		ブロッコリー	30		ブロッコリー	30
		油	2		しょうゆ	2
		しょうゆ	2			
	トマトスープ	トマト	30	トマトスープ	トマト	30
		キャベツ	20		キャベツ	20
		玉ねぎ	10		玉ねぎ	10
		ショルダーベーコン	10		ショルダーベーコン	10
		固形ブイヨン	1		トマトジュース	100
		水	100			
	バナナヨーグルト	バナナ	45	バナナヨーグルト	バナナ	45
		全糖ヨーグルト	50		全糖ヨーグルト	50
10時	チョコレート	ミルクチョコレート	10	チョコレート	ミルクチョコレート	20
	牛乳	牛乳	100	牛乳	牛乳	150
昼食	ご飯	精白米	60	ご飯	精白米	60
	豚肉しょうが焼き	豚もも肉	50	豚肉しょうが焼き	豚もも肉	50
		玉ねぎ	20		玉ねぎ	20
		しょうが	3		しょうが	3
		油	3		油	3
		しょうゆ	2		しょうゆ	2
		酒	2		酒	2
		みりん	2		みりん	2
		キャベツ	30		キャベツ	30
		トマト	20		トマト	20
	ポテトツナサラダ	じゃがいも	30	ツナサラダ	まぐろ水煮缶	20
		まぐろ水煮缶	20		玉ねぎ	10
		きゅうり	5		きゅうり	20
		にんじん	5		にんじん	5
		塩	0.1		塩	0.1
		マヨネーズ	8		穀物酢	3
					低カロリーマヨネーズ	6
	かぶのみそ汁	かぶ	20	かぶのみそ汁	かぶ	20
		かぶ葉	5		かぶ葉	5
		まいたけ	5		まいたけ	5
		みそ	10		みそ	10
		だし汁	150		だし汁	150
	果物	オレンジ	50	果物	オレンジ	50
おやつ	焼きいも	さつまいも	50	ゆずゼリー	ゆずジャム	10
					粉寒天	0.4
					水	70
夕食	ご飯	精白米	60	ご飯	白飯	100
	さけ照り焼き	しろさけ	60	さけ照り焼き	しろさけ	60
		しょうゆ	3		しょうゆ	3
		みりん	3		みりん	3
		大根	30		大根	30
		しそ葉	0.5（1枚）		しそ葉	0.5（1枚）
	豆腐のそぼろあんかけ	絹ごし豆腐	60	豆腐のあんかけ	絹ごし豆腐	60
		鶏ひき肉	20		しょうが	1
		しょうが	1		砂糖	1
		砂糖	2		しょうゆ	4
		しょうゆ	4		片栗粉	2
		片栗粉	2		だし汁	50
		だし汁	50			
	白菜の酢の物	白菜	30	白菜の酢の物	白菜	30
		にんじん	10		にんじん	10
		切りのり	少々		切りのり	少々
		酢	4		酢	4
		砂糖	2		砂糖	2
	はんぺんすまし汁	はんぺん	10	はんぺんすまし汁	はんぺん	10
		みつば	1.8		みつば	1.8
		しょうゆ	2		しょうゆ	2
		塩	0.7		塩	0.7
		酒	2		酒	2
		だし汁	100		だし汁	100
	エネルギー 1,562kcal	脂質	46.5g	エネルギー 1,200kcal	脂質	29.5g
	たんぱく質 73.6g	食塩相当量	7.4g	たんぱく質 65.3g	食塩相当量	7.1g

●エネルギー制限食

エネルギーを制限すると，たんぱく質が不足しがちである。たんぱく質は，1日60g摂取できるようにしたい。

季節に応じたゼリーを間食やデザートとして献立に取り入れると，家族も一緒に楽しめる。

朝食のパンは，トーストとして，またはハムエッグなどの主菜を挟んで食べてもよい。

昼食のポテトサラダは，ツナを入れずに，低カロリーマヨネーズを使うことによってエネルギーを抑えている。

夕食では，あんのひき肉を入れずにエネルギーを抑えている。

表2-10（続き）

	減塩食			介護食（粒がある状態・極刻み食）		
	献立名	食品名	数量(g)	献立名	食品名	数量(g)
朝食	トースト	食パン6枚切り	60（1枚）	パン粥	食パン6枚切り	30(1/2枚)
		いちごジャム	10		いちごジャム	10
	ハムエッグ	卵	60		牛乳（温める）	50
		ロースハム	10	ハムエッグ	卵	60
		ブロッコリー	30		ロースハム	20
		油	2		ブロッコリー	30
		しょうゆ	2		油	2
	トマトスープ	トマト	30		しょうゆ	2
		キャベツ	20	トマトスープ	トマト	30
		玉ねぎ	10	（ポタージュ状）	キャベツ	20
		ショルダーベーコン	10		玉ねぎ	10
		トマトジュース	100		ショルダーベーコン	10
	バナナヨーグルト	バナナ	45		固形ブイヨン	1
		全糖ヨーグルト	50		水	100
				バナナヨーグルト	バナナ	45
				ムース	全糖ヨーグルト	50
10時	チョコレート	ミルクチョコレート	20	チョコレートミルク	ミルクチョコレート	20
	牛乳	牛乳	150		牛乳	100
昼食	ご飯	精白米	60	全粥	精白米	40
	豚肉しょうが焼き	豚もも肉	50	豚肉しょうが焼き	豚もも肉	50
		玉ねぎ	20		玉ねぎ	20
		しょうが	3		しょうが	3
		油	3		油	3
		しょうゆ	2		しょうゆ	2
		酒	2		酒	2
		みりん	2		みりん	2
		キャベツ	30		キャベツ	30
		トマト	20		トマト	20
	ポテトツナサラダ	じゃがいも	30	ポテトツナサラダ	じゃがいも	30
		まぐろ水煮缶	20		まぐろ水煮缶	20
		きゅうり	5		きゅうり	5
		にんじん	5		にんじん	5
		マヨネーズ	8		塩	0.1
	かぶのみそ汁	かぶ	20		マヨネーズ	8
		かぶ葉	5	かぶのみそ汁	かぶ	20
		まいたけ	5		かぶ葉	10
		みそ	7		みそ	10
		だし汁	100		だし汁	150
					とろみ剤	2
	果物	オレンジ	50	果物	桃（缶）	50
おやつ	焼きいも	さつまいも	50	焼きいもムース	さつまいも	50
					牛乳	100
					砂糖	8
夕食	ご飯	精白米	60	全粥	精白米	40
	さけ照り焼き	しろさけ	60	さけ照り焼き	しろさけ	60
		しょうゆ	3		しょうゆ	3
		みりん	3		みりん	3
		大根	30		大根	30
		しそ葉	0.5（1枚）		しそ葉	0.5（1枚）
	豆腐のそぼろあんかけ	絹ごし豆腐	60	豆腐のそぼろあんかけ	絹ごし豆腐	60
		鶏ひき肉	20		鶏ひき肉	20
		しょうが	1		しょうが	1
		砂糖	2		砂糖	2
		しょうゆ	4		しょうゆ	4
		片栗粉	2		片栗粉	2
		だし汁	50		だし汁	50
	白菜の酢の物	白菜	30	白菜の酢の物	白菜	30
		にんじん	10		にんじん	10
		切りのり	少々		切りのり	少々
		酢	4		酢	4
		砂糖	2		砂糖	2
	ゆず湯	ゆずジャム	3		とろみ剤	1
		水	2	はんぺんすまし汁	はんぺん	10
					みつば	1.8
					しょうゆ	2
					塩	0.7
					酒	2
					だし汁	100
					とろみ剤	2
エネルギー	1,572kcal	脂質	50.0g	エネルギー　1,535kcal	脂質	53.7g
たんぱく質	72.4g	食塩相当量	5.0g	たんぱく質　74.0g	食塩相当量	7.1g

●減塩食

朝食をパンにすると食塩量が高くなるため，トマトスープの味付けにはトマトジュースを利用する。

朝は，空腹であり1日の活動を始めるため，十分に食べてもらう。水分は，3食十分に献立に取り入れ，食事から1Lを摂取する。

主菜・副菜の調味料は，常食とほとんど変えていない。

●粒がある状態・極刻み食食

むせの原因となる水分に，とろみを付けることによって，安全に食事ができるように配慮した献立である。口への刺激を行いたい，とろみを付け大きさに配慮すれば食べられる方が対象である。

主菜・副菜は，常食に手を加えるほうが味もよい（完成品をミキサーにかける）。

・パン粥　食パンを食べやすい大きさのサイコロ状に切り，ジャムと温めた牛乳をかけて軟らかくする（ココアと砂糖，シナモンと砂糖などをパンに混ぜ，温かい牛乳をかけたものも人気がある）。

・ハムエッグ　卵とハムを緩くミキサーにかけるか，食べやすい大きさに刻む。

・豚肉しょうが焼き　緩くミキサーにかけるか，食べやすい大きさに切る。

・さけ照り焼き　ほぐして食べやすくする。

・白菜の酢の物　緩くミキサーにかけるか，食べやすい大きさに切ってとろみをつける。

表2-10（続き）

介護食（ペースト食）		
献立名	食品名	数量（g）
朝食		
パン粥	食パン6枚切り	30（1/2枚）
	いちごジャム	10
	牛乳（温める）	50
ハムエッグ	卵	30
	ロースハム	10
	水	50
	ブロッコリー	30
	油	2
	しょうゆ	2
	とろみ剤	2
トマトスープ	トマト	30
ペースト状	キャベツ	20
	玉ねぎ	10
	ショルダーベーコン	10
	固形ブイヨン	1
	水	100
バナナヨーグルト	バナナ	45
ペースト	全糖ヨーグルト	50
10時		
チョコレートミルク	ミルクチョコレート	20
	牛乳	100
	とろみ剤	2
昼食		
ペースト粥	精白米	30
	とろみ剤	2
豚肉しょうが焼き	豚もも肉	30
	玉ねぎ	10
	しょうが	3
	油	2
	しょうゆ	1
	酒	1
	みりん	1
	キャベツ	30
	トマト	20
	水	70
	とろみ剤	2
ポテトツナサラダ	じゃがいも	30
ペースト状	まぐろ水煮缶	20
	きゅうり	5
	にんじん	5
	マヨネーズ	8
	水	50
	とろみ剤	2
かぶのみそ汁	かぶ	20
ペースト状	かぶ葉	10
	みそ	7
	だし汁	100
	とろみ剤	2
おやつ		
焼きいもペースト	さつまいも	50
	牛乳	100
	砂糖	8
	とろみ剤	1

●ペースト食
・ハムエッグ　卵とハム，ブロッコリーを別々にペースト状にし，盛り付ける。
・豚肉しょうが焼き　しょうが焼きと付け合わせは別々にペースト状にし，盛り付ける。
・豆腐のそぼろあんかけ　豆腐をそのまま食べられる方はそのままで。ひき肉のあんはペースト状にする。

　口への刺激でむせる方は，摂食・嚥下に問題がある。個人差があることに留意する。
　とろみ剤によるペースト状が食べやすい方，プリンのように型があるほうが食べやすい方がいる。また，体調によっても食べやすい形態が変わることに留意する。

介護食（ペースト食）		
献立名	食品名	数量（g）
夕食		
ペースト粥	精白米	30
	とろみ剤	2
さけ照り焼き	しろさけ	40
ペースト状	しょうゆ	3
	みりん	3
	大根	30
	しそ葉	0.5（1枚）
	水	50
	とろみ剤	2
豆腐のそぼろあんかけ	絹ごし豆腐	40
	鶏ひき肉	10
	しょうが	1
	砂糖	2
	しょうゆ	2
	片栗粉	2
	だし汁	50
	とろみ剤	2
白菜の酢の物	白菜	30
ペースト状	にんじん	10
	切りのり	少々
	酢	4
	砂糖	2
	とろみ剤	1
はんぺんすまし汁	はんぺん	10
ペースト状	みつば	1.8
	しょうゆ	2
	塩	0.7
	酒	2
	だし汁	100
	とろみ剤	2
エネルギー 1,392kcal	脂質	42.8g
たんぱく質 60.3g	食塩相当量	7.3g

3 感染性胃腸炎（ノロウイルス感染症など）発症時の食事管理

　ノロウイルスは，ヒトの腸管内でのみ増殖し，乾燥や熱にも強く，長期免疫は成立しない。ノロウイルス感染症は，乳幼児から高齢者までの幅広い年齢層に急性胃腸炎を引き起こす。主に冬季に多発するが，最近は通年発生が報告されている。

　高齢者施設の場合，感染性の強さから，長期間において発生する事例がみられている。

〈潜伏期〉

　感染してから症状が現れるまでは，12〜48時間

〈症状〉

・一般的に，発熱は38℃以下が多いとされるが，高齢者は39℃以上になる場合もあり，個人差がみられる。嘔吐，下痢の症状も個人差がある。

・下痢は1回くらいで治まる場合から，4〜5日続く場合もある。

・脱水症状も引き起こすことがあり，注意が必要である。

・特に嘔吐が激しい場合，窒息や誤嚥性肺炎を引き起こすことがある。

1）感染時の対応

・通常の食中毒と異なり，人から人への感染症の発生時は，対応が遅れると数日から1か月以上に及ぶこともあるので，初期の対策が重要である。

・吐しゃ物を処理するときは，厚生労働省のマニュアルに沿ってウイルスを調理室に持ち込まないよう，吐しゃ物のついた食器は慎重に取り扱い，別の場所で消毒し，調理室（集団調理室）へ返却する。集団感染を防ぐため，感染者用に使い捨て食器など使用することがある。

・嘔吐した罹患者と同じテーブルの食事には，吐しゃ物がかかっていることが予測されるため，破棄し，代替対応する。

・調理員は，下膳の際，二次感染を防ぐため使い捨てエプロン，マスク，手袋を着用し，業務を行う。

・嘔吐症状がみられるときは，無理に食事をせず，経口補水液による水分補給を行う。

・嘔吐が激しく，水分も摂取できないときは，主治医と相談し受診する。

・嘔吐が治まったときは，胃腸の負担にならないように食事を開始する。

・症状が出ない不顕性感染者も多いので，注意が必要。ノロウイルスの排出は，長い人で1か月続く。

・調理員が感染症したときは，検便でウイルスがなくなったことを確認できるまで調理業務を停止する。

2) 発症時の食事

罹患者の症状と提供食などを表にまとめると管理が容易で（表2-11），感染経路の解明につながる。テーブルや部屋番号などの記載も参考となる。

感染者の食事中は，必ず職員が見守り，誤嚥などに注意を払う。

食事形態の変更は，症状をみながら行う。一般的には，罹患者の体力を考え，最低でも3食は同じ食形態を提供し，嘔吐・下痢のないことを確認し，食事変更をする必要がある。

体力がある，または症状が軽い場合は，担当医の指示で1食ごとに変更していく場合もある。

食事に関する情報もスタッフ間で共有し，家族に伝え，理解を得る必要がある（記録に残す）。

・下痢，嘔気，嘔吐症状がある場合は，医師の指示を仰ぐ。

・症状がひどい場合は医師の指示で絶食―受診し，水分補給は冷たく感じない温度にして**経口補水液やイオン飲料**を提供する。患者の状態により，ゼリー状の経口補水液やイオン飲料にて補水する。

・症状の回復に応じ，流動→三分粥→五分粥→全粥→常食という段階に分けて食事を提供する（表2-12）。

表2-11　患者の症状，提供食

テーブル 部屋番号	氏　名	月　　日			月　　日		
		朝	昼	夕	朝	昼	夕

上段は症状，下段は食事内容（医師の指示による。例：下痢のときは水分のみなど）

表2-12　流動食からの進め方例

流動食（3食）			三分粥（3食）			五分粥（3食）		
	料理名	g		料理名	g		料理名	g
1	イオン飲料（ゼリー）	200	1	三分粥	200	1	五分粥	200
	野菜スープ（具なし）	150		イオン飲料（ゼリー）	200		みそ汁	150
	ゆかり入り重湯	100		みそスープ（焼き麩）	150		鯛みそ	10
↓				鯛みそ	10		温泉卵	50
2	ゆかり入り重湯	150		温泉卵	50		ヤクルト	65
	みそスープ（具なし）	150		ヤクルト	65	↓		
	りんごジュース（常温）	150	↓			2	五分粥	200
	イオン飲料（ゼリー）	200	2	三分粥	200		すまし汁	150
↓				イオン飲料（ゼリー）	200		梅びしお	10
3	鯛みそ重湯	150		すまし汁	150		煮魚（白身）	70
	みそスープ（具なし）	150		梅びしお	10		しらすおろし	50
	ヤクルト	130		かぼちゃ煮（裏ごし）	50		フルーツゼリー	60
	イオン飲料（ゼリー）	200		フルーツゼリー	60	↓		
			↓			3	五分粥	200
			3	三分粥	200		野菜スープ	150
				イオン飲料（ゼリー）	200		梅びしお	10
				野菜スープ	150		ささみと里いも煮物	70
				鯛みそ	10		湯豆腐	60
				豆腐のあんかけ	100		ヨーグルト	60
				ヨーグルト	60			

留意点

・嚥下状態が悪い場合はゼリーやとろみを使用する。三分，五分粥は粥ゼリーで代替する。
・集団感染の際，メニューは煩雑にならないようできる限り簡略化する。
・絶食時の水分補給は，一度に大量でなく，少しずつ時間をかけて摂取を促す。
・冬季のノロウイルス流行時期は，イオン飲料や経口補水液を常備するとよい。
・感染症対応時や非常時のために使い捨て（ディスポ）食器も備蓄するとよい。
・味付けは，濃すぎないようにし，揚げ物や炒め物は胃腸の負担になるので避ける。
・乳酸菌，ビフィズス菌を体内に取り込むことにより，腸内環境を改善する。

4 行事食

　和食（日本食）が世界遺産に登録されたことは，世界に誇れることである。

　日本には四季があり，食べ物から季節を感じることができる。農業・流通・保管技術の進歩により，逆に食べ物の旬を感じられなくなってきているが，日本文化としての行事食について述べていきたい。暦は，古代中国で作られた季節区分法24節気，1年間の季節素質を識別するための補助的な役割の歴日（雑節と称される）が定められ，生産生活や自然の生活に則して作られている。ゆえに，特に農業と深い関連をもっているものが多いといえる。

1 おせち料理と五節句

　季節の変わり目に，神様にお供えしたお節料理も，今では最も重要な正月料理のことを呼ぶ名称となった。

(1) 1月1日　元旦

　1年の始まりを縁起のよいおせち料理で祝う。おせち料理とされる多くの料理がある。栄養バランスが考えられ保存がきく料理で，女性が家事から解放されるように考えられた料理だともいわれている。めでたさを重ねる意味から，重箱に詰めることが一般的で，各段に詰める料理にはルールがあり，料理や素材にも意味がある。

　最近では3段重ねまでにする家庭も多い。大皿に飾られることもある。

1）壱の重　口取り・祝い肴（図2-15）

　数の子：子宝に恵まれ子孫繁栄

　田作り：豊作祈願

　黒豆：まめに働き，まめに暮らせるように

　　ここまでを，正月に欠かせない三つ肴という（関西では黒豆ではなくたたき牛蒡）。

　たたき牛蒡：根を深く張り代々続く。たたき身を開くことから開運を願う

　紅白蒲鉾：日の出を表す半円形。邪気を払う紅，清浄を表す白なのでおめでたい

　伊達巻：伊達は洒落・華やかの意味がある。巻物が書物・掛け軸に通じ，知識・文化の
　　　　　発達を願う。着るものに困らないようにとも

　昆布巻：喜ぶと昆布のかけ合わせ

　栗きんとん：栗は勝ち栗，きんとん（金団）は黄金色で財力に富むことを表す

　錦卵：黄身と白身を金と銀にたとえ，2色を錦とも

　丁呂木：長老喜と書くこともあり，長寿を願う

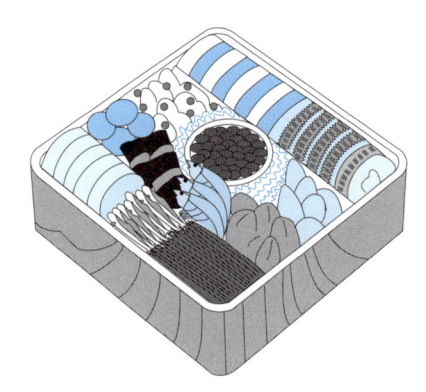

図 2-15　壱の重

2）弍の重　焼き物…縁起のよい海の幸

　　ぶり：成長に合わせ名前が変わる出世魚

　　鯛（たい）：めでたい。江戸時代より祝い膳に欠かせない魚

　　海老：その姿から腰が曲がるまで長生きできるように

3）参の重　煮物・煮しめ…山の幸を煮しめ，家族仲よく

　　蓮根（れんこん）：穴があることより，将来の見通しがきくように

　　里芋：小芋がたくさんついているので，子孫繁栄

　　八頭（やつがしら）：頭（かしら）となれるように（出世するように）

　　慈姑（くわい）：芽が出るように

　　牛蒡：根を深く張る

4）与の重　酢の物・和え物

　　紅白なます：祝いの水引（みずひき）を模す

　　菊花蕪（きくかかぶ）：菊は邪気を払い，不老長寿の象徴

　　こはだ粟漬け：こはだも出世魚。粟をクチナシで黄色に染め，豊穣を願う

5）五の重　控え

　　年神様から授かった福を詰める場所として空にするか，家族の好きな料理を詰める。

　　この他にも子持ち昆布，松風焼き，きんぴら（金平），福豆などがある。

（2）節句

　　節句とは，季節の変わり目に無病息災，豊穣，子孫繁栄などを願い，氏神様・年神様にお供えをし，神事を行い，邪気を払う行事である。特に，五節句は，奈良時代に唐（現在の中国）から伝わり宮中行事になったといわれる。江戸時代初期に幕府が公的行事・祝日と定め，武士から庶民に広がったとされている。明治時代になり，旧暦から新暦に改められ，制度として廃止されるが，年中行事として伝わっている。1月1日の元旦は別格で，五節句には含まれていない。

1）1月7日　人日（じんじつ）の節句…七草の節句

　　七草粥を食べ，１年間，無病息災に暮らせること，豊穣を願う。

　　暮れから正月にかけて弱った胃を七草粥で癒す。現在にも通じるものがある。

2）3月3日　上巳（じょうし）の節句…桃の節句

　雛祭り。女子の誕生と成長を祝う。

　ちらし寿司：具材に意味があり，おせち料理と同じように海老・蓮根・豆が入る。豆は
　　　　　　　油揚げで，彩りでにんじん，錦糸卵，みつ葉や絹さやが使われる

　蛤の潮汁：二枚貝は，対の貝殻しか合わないことから，貞操の象徴とされ，良縁に恵ま
　　　　　　れ，末永く仲よく暮らせることを願う

　菱餅：時代とともに形・段重ねが変わったようで，明治時代に現在の形となっている。

　　　　桃色（赤）は，邪気を払う

　　　　白は，子孫繁栄・長寿・純潔

　　　　緑は，厄除け・健康。厄除け効果のための蓬を練り込み，健やかな成長を祈る

　　　　重ね順にも意味がある。下から緑・白・桃は，雪の下に新芽，上には咲いた桃の

　　　　情景。下から白・緑・桃は，雪から新芽が芽吹き，桃の花が咲いている情景

　白酒：元は酒に桃の花を浮かべ飲んでいたが，江戸時代より白酒が定着した

3）5月5日　端午（たんご）の節句…菖蒲の節句

　　こどもの日。男子の誕生と成長を祝う。

　粽：中国の故事が由来である。粽は，もち米を楝樹の葉で包み，邪気を払う5色の糸
　　　で縛り，供養のため川に投げていたもの。日本に伝わり，笹で包み，災いを除ける
　　　風習になったとされる

　柏餅：江戸で生まれた和製の甘味である。柏は新芽が出ないと古い葉が落ちないことよ
　　　　り，昔から神聖な木とされていた。柏餅には柏を外表に巻いた小豆餡と，中表に
　　　　巻いたみそ餡と区別している。皮に蓬を練り込み，香りを楽しむものもある

　菖蒲湯：菖蒲の葉を蓬で巻いたものを入れる。どちらも香りが強いので，邪気を払うと
　　　　　いわれている

4）7月7日　七夕（しちせき）の節句…笹の節句

　　短冊に願いを込め，笹に飾る風習がある。

　　奈良・平安時代に中国から伝えられた故事にちなんだ行事。米粉と小麦粉から縄状に
　練られた菓子「索餅（さくべい）」が，「索麺」となり，時代を経て，日本では素麺を食
　べるようになったとされる。七夕には織姫・彦星伝説もあり，そうめんを天の川や織糸
　に見立てているとの説もある。

5）9月9日　重陽（ちょうよう）の節句…菊の節句

　　旧暦の9月，現在の10月に当たり，収穫を終え，農作物が多い時期と考えられる。
　平安時代の宮廷では，酒に菊を浮かべ楽しんでいたようである。武家・庶民に伝わって
　からは，「菊のお酒」とともに「栗ごはん」を食べ，不老長寿を願ったとされている。

2　季節（暦）と行事

　日本人の生活は，季節と暦，日常生活（特に農業）と深い関係があり，五穀豊穣，家内安全，健康長寿を祈り，祝い・祭りを行っていた。

1）小正月　1月15日

　小豆粥を食べ，無病息災を願う。赤い色の食べ物は，邪気を払うと考えられている。

2）節分　立春の前日

　近年，関西で行われていた恵方（えほう）を向いて，無言で恵方巻きを食べる風習が全国に広がっている。

3）初午（はつうま）　二月最初の午の日

　711年，京都の伏見稲荷大社に祀られている農業神が伊奈利山（いなりやま）へ降臨された日といわれている。五穀豊穣を願う農村部や商売繁盛を願う商家で，祭りが初午に行われていた。

　この日食べられるのが，「初午稲荷」，稲荷寿司である。

4）半夏生（はんげしょう）　梅雨明けの時期

　関西地方では，タコの8本の脚のように稲が根をしっかり張ることを祈り，氏神様にタコを供え，食していた。

　栄養面でもタコに含まれるタウリンで疲労回復効果を期待する。

5）お盆　新暦で7月，旧暦で8月

　先祖の供養が行われる。

　先祖の霊や帰省した親族を精進料理でもてなす。肉や魚を避ける，だし汁も生臭みのあるカツオではなく，昆布，椎茸が用いられる。精進料理では，匂いの強いねぎ，にらも使われない。

6）月見　十五夜と，日本生まれの十三夜

　中秋の名月を鑑賞し，月に見立てた月見団子とススキ，収穫された里芋，きぬかつぎを供え収穫を感謝する。月見団子の数については，その年の満月の数（12か13個）とする説と，十五夜なので15個とする説がある。15個の場合は下段から9個，4個，2個と重ねる。十三夜の場合は13個供える。十五夜は芋の収穫を祝うので，「芋名月」とも呼ばれる。

　十三夜は，宇多天皇が十五夜の後，再度観月の宴を行ったのが始まりとされている。「中秋の名月」に対し「後の名月」・「後の月」，「栗名月」・「豆名月」と呼ばれ，ススキ・栗・大豆が供えられる。十五夜だけを鑑賞することを「片月見」と呼び，縁起がよくないと言われていた。日本固有の風習である。

7）冬至　「冬至南瓜」・「柚子風呂」・小豆粥

　1年で昼間が一番短い日である。夏に収穫し貯蔵された南瓜をおいしく食べることが

できるのは冬至まで。小豆粥で邪気を払い，柚子風呂で体の芯まで温まる。

8) 大祓い　大宝律令により定められた儀式で，6月30日と12月31日に国家や国民の犯した罪や穢れを払うために行われた神事。

9) 年越しそば　細く長く長寿であるよう願い大晦日に食べる。江戸時代の町人の間で始まったといわれている。本来は月末にそばを食べる風習「晦日そば」があり，大晦日だけが現在に残っている。

　施設では季節の移り変わりを伝えるため，単調な生活にメリハリをつけるためなどの理由から行事食を提供している。時代が移り変わり認知されていないものもあるが，毎月一日は厄払いの赤飯を提供し，ひと月息災で暮らせるようにと願っている。

　施設で行われている行事食を前記の行事を含め，表 2-13 に示す。

　日本文化と食事の関係は，地域によっても微妙に異なっている。

　食事が時代とともに変化していくのは，その時代に生きる人の嗜好や食材にもよると考えられる。世界に誇れる日本の食事を，後世に伝えていきたいものである。

表 2-13　施設の行事食

1月	鏡開き（1月7日に鏡餅を下げ，11日に割って食べる。汁粉，きな粉・あん餅が好評。関西では15日まで飾り，20日に食べる）
2月	節分
3月	彼岸，牡丹餅
4月	花まつり，甘茶，ちらし寿司
5月	八十八夜，新茶を使ったおやつ
6月	入梅，黒豆ご飯
7月	土用の丑の日，うなぎの蒲焼き
8月	納涼祭
9月	敬老会，高齢者に喜ばれる料理，彼岸，おはぎ
12月	忘年会（刺身，てんぷら，茶碗蒸しなど），クリスマス，鶏肉の照り焼き，クリスマスケーキ
不定期	まぐろの解体ショーと刺身食

注）1. 認知症の方には，日々の生活が平穏であることが望ましいので，穏やかに説明することと環境の整備が必要。食事中には静かに音楽を流すなどの工夫で，落ち着いて食事をしていただくとよい。
　　2. 安全に食事ができるよう，食事の形態，食器に配慮が必要。食材の切り方や食べやすさに配慮する。必要な食器（スプーンやフォークなど）をセットする。
　　3. 行事について理解し，納得していただくための説明が必要。集団では，高齢者の生まれ育った環境や宗教，思想などが異なるため，楽しく食事をするためには，行事食のもつ意味や文化の説明が必要である。

5 非常食

　最近，日本では地震や台風，集中豪雨などの自然災害が頻発し，より甚大な被害が生じている。また，自然災害だけでなく，インフルエンザなどの感染症の流行時についても適切な備えと対応が必要とされているところである。災害が発生した場合，急性期には1人でも多くの命を助けるために災害派遣医療チーム（DMAT[※1] など）がいち早く活動し，大きな成果を上げている。しかし，その後，亜急性期・慢性期を迎え，厳しい避難生活等で過労やストレス，生活環境や QOL の劣化，さらに栄養不足，栄養過剰など，発病や持病の悪化，精神的な不安定などにより心身の健康を害し，せっかく助けられた・助かった命が脅かされる状況も見受けられる。災害発生時にはライフライン（電気，ガス，水道）が停止し，食料の供給も滞り，必要な食事を摂取することも困難となり，栄養バランスの偏りから体調を崩すなど，リスクが高くなる。特に，高齢者，障害者，乳幼児その他の，特に配慮を要する者（以下，要配慮者[※2]）に，いち早く支援を行えるよう，要支援者・要介護者の食事介護における対応を考えておく必要がある。特に，本書でも前述されているように，高齢者には，様々な症状に応じて食事の工夫や栄養面で注意すべき事項が多いことから，平常時からの対応を十分に考え，事前にシミュレーションしておくことが重要である。

　「人は食べないと，生きてはいけない」，つまり災害時にあっても必要な栄養素を体内に取り込み，代謝し，身体を維持していくことが必要である。

　「生きることは食べること」，災害発生時にいかに食べるかということを平時より考え，いざというときに困らないために備えておく必要がある。

　この項では，まさに食べることへの支援を考え，災害発生時に，実際にどうしたらよいのか，また平常時からの備えについて述べる。

[※1]　DMAT：「災害急性期に活動できる機動性をもったトレーニングを受けた医療チーム」と定義されており，災害派遣医療チーム（Disaster Medical Assistance Team）の頭文字を取って，略してDMAT（ディーマット）と呼ばれている。
　　　医師，看護師，業務調整員（医師・看護師以外の医療職および事務職員）で構成され，大規模災害や多傷病者が発生した事故などの現場に，急性期（概ね48時間以内）に活動できる機動性をもった，専門的な訓練を受けた医療チームである。

[※2]　要配慮者：災害対策基本法（第8条2の15）では，これを「高齢者，障害者，乳幼児その他の特に配慮を要する者」と定義し，「国及び地方公共団体は，災害の発生を予防し，又は災害の拡大を防止するため，要配慮者に対する防災上，必要な措置に関する事項の実施に努めなければならない」こととしている。

1 備蓄食品のポイント

　一般的には，大規模災害時及び新型インフルエンザ等の感染症の拡大などにおける，家庭での食品の備蓄について，「緊急時に備えた家庭用食料品備蓄ガイド」[※3] により，いざというときの備蓄食料品リストが示されており，最低でも３日分，できれば１週間分程度を確保することが推奨されている。また，ライフラインが停止することも想定し，飲料水や熱源としてのカセットコンロなどを確保しておくことも必要である。しかし，要配慮者については個々の多様なニーズや食形態などに配慮した食料品を別途備蓄しておくことが必要で，一般の食料品備蓄とは異なるものを準備しておかなければならない。例えば，高齢者の場合は，粥や軟らかく調理された副菜などのレトルトパック，ムース状に調理された介護食，嚥下調整用のとろみ剤などの特別な食品の備蓄が必要である。

　高齢者にとっては，避難生活における食事は困難を極める。避難所で配布される備蓄食品は，量や質において，必ずしも適切なものが提供されるとは限らない。発災直後は菓子パン（甘い物が中心）やおにぎり（流通時間の経過とともに硬くなる場合が多い）などの炭水化物が中心で，カップラーメンなどは塩分の過剰摂取にもつながる。大規模災害となるとそういった食事形態が長期化し，その結果，たんぱく質やビタミン，鉄，食物繊維の不足を生じ栄養バランスが偏り，低栄養に陥ったり，感染症や慢性疾患が悪化したりするなど，リスクが高くなる。

　そこで，そのリスクを少しでも軽減するため，家庭や施設において食糧備蓄の選び方および食品以外のものについての備え方のポイントを押さえて備蓄しておく必要がある。具体的には，表2-14のとおりである。

表2-14　備蓄の際のポイント

> ①最低３日分，できれば１週間分程度の飲料水・食料を備蓄する。
> ②家族構成や高齢者（施設の入所者）の特性に応じた備蓄食，介護食を備蓄し，十分な量を確保する。
> ③できる限り日頃から食べ慣れている食品を選択する。
> ④ローリングストック法*を用いて，賞味・消費期限切れを防ぐ。
> ⑤ライフラインが寸断されることを想定し，熱源・調理器具・食器・食具等を備える。
> ⑥義歯を忘れないように持ち出す。義歯がないと十分に食事ができなくなるため，夜間等外している場合は，すぐに持ち出せるよう自分のそばに置いておく。
> ⑦衛生管理における手指用アルコールや使い捨て手袋・エプロン，マスク等を準備しておく。

*ローリングストック法：ふだん使い慣れている食材や非常用食品を多めに買って，備蓄（ストック）している状態を保ちながら使っていき，その分を補充していく（回転させていく）方法。常に入れ替えながら（食べ回しながら）備蓄していく方法。購入と消費を繰り返し，賞味・消費期限切れを防ぐ。

[※3]　緊急時に備えた 家庭用食料品備蓄ガイド：平成26年2月　農林水産省

2 施設における非常食の実際

　非常食は一般的に常温で長期保存が可能なものであるが，表2-15に該当するものが適当と思われる。当然，飲料水の確保も重要である。

　特に，非常食はライフラインが閉ざされた場合も，加熱せずに食べられる，すぐに提供できる食品の選択が重要である（表2-16）。

　家庭で備蓄しておく具体的な非常食を表2-17に示すが，これらをすべて備蓄する必要もなく，また，これらだけで十分な非常食ではないことに注意が必要である。

　病院や高齢者施設では，これらに加えて非常・備蓄食品確保におけるポイントがある。表2-18に示す。

　また，非常時には，緊急入院患者（入所者）が増加することも想定されるため，食事対応ができるよう，食品を確保することも，施設の役割や受け入れ体制を含めて検討しておく必要がある。

　施設によっては職員用の非常・備蓄食品を確保しておくことも重要である。また，近隣の地域住民が助けを求めてきた場合，被災者の受け入れなども考えられる。入所定員以上の非常・備蓄食品の確保についても，あらかじめ施設長などの関係者と打ち合わせておくことで対応がスムーズに行える。

表2-15　非常食にふさわしいもの

①常温で長期保存に耐えるもの
②調理に手間がかからないもの
③持ち運びに便利なもの
④必要最低限のエネルギーや栄養素が確保できるもの
⑤それぞれの要配慮者の特徴に見合ったもの

表2-16　緊急時に使用できる食品例

①水を入れるだけで食べられる食品
　・α化米，スキムミルク，フリーズドライ食品（緑黄色野菜，スープ，みそ汁，吸い物など）
　・粉末飲料（経口補水液，スポーツドリンク）
　・お湯があれば食べられるもの（コーヒー，紅茶，カップラーメンなどインスタント食品，市販離乳食）
②温めなくても食べられる食品
　・パン（パンの缶詰など），クラッカー，せんべい，缶詰（プルトップ缶），コーンフレーク，ビスケット，長期保存用ようかん，離乳食（レトルト・瓶詰など）
③栄養源食品（エネルギー源）
　・チョコレート，飴，チーズ，栄養補助食品（カロリーメイト® など），キャラメル
④飲料水
　・水は，1日当たり1人1L（約7日分として7L）を準備しておく。ただし，調理用などは含ます。
⑤ガス・電気が使えない場合：カセットコンロ使用
　・インスタントラーメン，レトルト食品，レスキューフーズ（スープ・カレー・シチューなど）

表 2-17　日常在庫として使用可能な食品・道具例

①塩，砂糖，氷砂糖，蜂蜜，しょうゆ，食用油，酢，みりん，焼酎
②無洗米，餅（無菌包装），大豆，黒豆，小豆，乾麺，小麦粉
③いも類（干しいもなど），玉ねぎ，にんじん，キャベツ
④海藻類（干しわかめ・ひじき・昆布），梅干し
⑤お茶，紅茶，コーヒーなど嗜好品
⑥干魚類（削り節）
⑦缶詰（魚，肉，豆類などのたんぱく質源および果物）・レトルト食品
⑧フリーズドライ食品（緑黄食野菜，スープ，みそ汁，吸い物，他）
⑨LL牛乳，スキムミルク，粉ミルク，野菜ジュース
⑩チョコレート，ようかん，キャラメル，ビスケットなどの菓子類
その他　調理に必要な卓上カセットコンロや七輪，備長炭，固形燃料，調理器具，割り箸，プラスチック製スプーン・フォーク，皿などの使い捨て（ディスポ）食器，ラップ，キッチンばさみ，缶切り，お玉，菜箸，万能ナイフ，ライター，マッチ，消毒液，使い捨て手袋，軍手，延長コード・電源など

表 2-18　非常・備蓄用食品確保のポイント

①備蓄量の確保：　最低3日間分は必要といわれているが，できれば1週間分程度の飲料水・食料を備蓄する。ただし，保管に相当な空きの確保が必要であるため，栄養部門だけでなく，他部門で分散するなどの工夫が必要。
②消費・賞味期限の統一：　一つの食品の消費・賞味期限はできる限り統一する。ただし，α化米など大量に使用するものは購入時期を分散させておくと，更新時に消費する際の献立に影響する負担が少ない（食品名，消費・賞味期限，数量，使用方法，栄養価などを一覧表にして掲示し，消費・賞味期限が経過して破棄することのないよう注意）。
③購入時期の間隔：　すべての非常・備蓄食品は，一度に購入しない。予算上，一度に購入費用が増加してしまう問題や，消費・賞味期限の重なりを避ける。
④平常時に使用可能な食品の選択：　施設などで平常時にも使用可能な食品を選ぶ。更新時には，通常の献立としても使用が可能となる。
⑤咀嚼嚥下困難者用・乳幼児用食品の購入：　咀嚼・嚥下の困難な方や，乳幼児用の食品は，使用範囲が広いので，購入しておくとよい。
⑥対応範囲の広い食品の購入：　ライフラインの状況に対応できる食品を含めて購入するとよい。
⑦食器・調理器具などの備蓄：　缶切り，使い捨て食器など，備蓄食品使用時に必要な調理器具や衛生管理に必要な使い捨て手袋・マスク・消毒液なども，同時に揃えて保管する。
⑧保管場所の設定と周知：　備蓄食品の保管場所は，主厨房以外で施設の立地条件に応じた適切な場所とし，調理関係者だけでなく全職員に周知する。
　施設が海沿いでは津波，河川の近くでは増・浸水の危険性が高いので，高層階の保管を考慮する。山沿いで土砂崩れの危険性が高ければ，回避可能な場所への保管を考慮することが重要。
⑨配送ルートの確保：　業者の配送ルートは，災害時に道路などが閉鎖される可能性もあるため，別ルートを事前に確認する。また，業者の緊急時連絡先を把握しておく。

　非常食を備えておく上で，家庭と施設とに共通する最も重要なポイントは
・日頃から食べ慣れている食品を備蓄しておくこと
・ふだん食べ慣れていないものは，災害時には食べられないことを理解すること
である。たとえ無理して食べたとしても，誤嚥の危険がある。また，おいしいとは感じず，食が進まないことで結果として低栄養に陥ることが考えられる。対象者が日頃から食べて

いる食品を非常・備蓄食として備えておくことが，安心感や「おいしい」と感じることに
つながり，精神的なストレスの解消にもなる。

3　自助・共助・公助[※4] のあり方

　災害が発生すると，いち早く一般的な避難所が開設され，多くの被災者が避難する。ま
た，災害により自宅の倒壊などの恐れがなく，在宅で避難生活を送る方もいる。一般的な
避難所では，生活に支障が想定される要配慮者のうち，その他の特に配慮を要する者につ
いては福祉避難所に受け入れられ，特別な配慮が講じられることとなる。

　特別養護老人ホームまたは老人短期入所施設などの入所者は，それぞれ緊急入所などの
措置がなされ，その施設で適切に対応されるべきであるが，受け入れ側施設の入所定員を
超えた場合の食料品の確保について，事前に想定しておく必要がある。また，日頃はデイ
サービスなどを利用している在宅高齢者で，避難生活を送っている方を支援することも考
えておくべきである。特に，栄養と食に関しては，災害時（災害発生から平常の生活に戻
るまでの間）に被災地（避難所，仮設住宅など）で生活する際に何らかの配慮が必要な人
に対しての支援が，災害関連死を防ぐ上で重要である。一般に，災害の発生時から各フェ
イズの段階に応じた栄養・食生活支援の内容は，表2-19 のとおりである。

　この中でフェイズ0 からフェイズ1 の間は，ライフライン寸断により調理施設が使用
不可の状況であり，使用する食品・食材は備蓄食品中心となる。その後，フェイズ2 で
は徐々にライフラインが復旧し，備蓄食品とともにボランティアなどからの救援物資を使
用して食事を提供する。フェイズ3〜フェイズ4 になると概ねライフラインも復旧し，自
己調達食材を使用することとなる。

　この間，行政などによる支援活動が実施されるが，発災直後は災害の規模が大きくなれ
ばなるほど公助の力は弱くなり，自助・共助による支援が中心となる。

　自助　自らの身は自らが守る

　　家庭で日頃から災害に備える，災害時には事前に避難するなど，自主的に自分・家
　　族・財産を守ること。自分を守るのは「自助の力」。

　共助　地域のことは地域で守る

　　地域の災害時要援護者の避難に協力する，地域の方々と消火活動を行うなど，近隣
　　の人たちと助け合うこと。一人で対応できない状況になったときに頼るのが「共助の
　　力」。状況に応じて自分も共助に参加する（助ける側）意識が前提。

　公助　行政機関による救助活動や支援物資の提供

　　行政機関が個人や地域の取り組みを支援する，自助・共助で対応できない大枠の活

[※4]　自助・共助・公助：災害時の三助である。ここでの共助は，近隣住民による助け合いを指す。

表2-19　フェイズに応じた栄養・食生活支援

フェイズ	フェイズ0	フェイズ1	フェイズ2	フェイズ3	フェイズ4
	初動期 24時間以内	緊急対策期 72時間以内	応急対応期 4日目～2週間	復旧期 概ね3週間～1か月	復興期 概ね1か月以降
状　況	ライフライン 寸断		ライフライン 徐々に復旧	ライフライン 概ね復旧	仮設住宅
想定される 栄養課題	食料確保 飲料水確保 要食配慮者の食品不足（乳児用ミルク，アレルギー食，嚥下困難者，食事制限など）	支援物資到着（物資過不足，分配の混乱） 水分摂取を控えるため，脱水，エコノミークラス症候群*	避難所栄養過多 栄養不足 栄養バランス悪化 便秘，慢性疲労，体調不良者増加 食生活上の個別対応が必要な人の把握	食事の簡便化 栄養バランス悪化 慢性疾患悪化 活動量不足による肥満	自立支援 食事の簡便化 栄養バランス悪化 慢性疾患悪化 活動量不足による肥満
栄養補給	高エネルギー食		たんぱく質，ビタミン・ミネラル不足への対応		
食事提供	主食（おにぎり・パンなど） 水分	炊き出し	弁当		→
支援活動	避難所アセスメント，巡回栄養相談				栄康教育，相談

*エコノミークラス症候群：静脈血栓塞栓症。脱水，窮屈な姿勢で長時間維持の人に起こりやすい。脚などにできた血栓が肺動脈などに詰まり，最悪の場合には死に至る。一度できた血栓は消えにくい。

資料）独立行政法人国立健康・栄養研究所（現 国立研究開発法人医療基盤・健康栄養研究所），公益社団法人日本栄養士会：災害時の栄養・食生活支援マニュアル，2011

　　動や組織づくり・支援をすること。地域全体の状況を安定させ，復旧・復興に向かうための動きが「公助の力」。円滑に実施されるには「共助」との連携が効果的。

　つまり，自助として，自分の身は自分で守ることが重要で，施設においても自らの施設は自らが守ることが災害時には重要である。一人で対応できない場合は，共助として，家族や近隣の人と助け合うことも必要で，地域の施設間で連携し助け合うことが重要である。そのためには，日頃から顔の見える関係を構築し，コミュニティを形成し，コミュニケーションを図ることが必要である。その仕組みづくりには公助の役割が不可欠で，自助・共助・公助の連携を常に図っておくことが災害時には重要である。

　災害が発生し，一時的な身の安全を守る避難所や在宅での生活が始まると，様々な問題が生じてくる。当然，助かった命・助けられた命を大切にし，いかに健康を維持し続けるかという上で，衣食住を快適に過ごすことが重要である。

4　避難生活を健康に過ごすためのポイント

1）水分を十分に摂取する

　避難所は在宅や施設と違い，トイレの位置や数が限定される。また，臭いなどが気にな

り，衛生的にも十分とはいえず，高齢者はトイレに行く回数を自ら制限したり，失禁の不安から，水分摂取を控えがちになる。そうすると，脱水や心筋梗塞，脳梗塞，エコノミークラス症候群，便秘などの危険が高まる。排泄環境を整備し，水を頻回に少量ずつ飲むよう指導することが重要である。

2）食事をしっかりと摂取する

避難生活において，十分な量と栄養バランスを考慮した食事を摂取する必要がある。

東日本大震災の際には，厚生労働省から「避難所における食事提供の"計画"・評価のために当面の目標とする栄養の参照量（震災後1～3か月）」として，摂取してほしい栄養素量の目安が示された。これらは「日本人の食事摂取基準（2010年版）」のエネルギーおよび各栄養素の摂取基準値を基に算定された。また，「避難所における食事提供の"評価"・計画のための栄養の参照量，エネルギーおよび主な栄養素について（震災後3か月～）」（表2-20①），さらに「対象特性に応じて配慮が必要な栄養素について」，栄養素の摂取不足の回避を目的に，カルシウム，ビタミンA，鉄および生活習慣病の一次予防のためにナトリウム（食塩）といった栄養素について，対象特性に応じて配慮すべき事項（表2-20②）として，食事の充足を評価するための栄養の参照量も示されている。

さらに，厚生労働省HP掲載「避難生活での栄養・食生活支援について」など，様々な情報に基づき，被災者に対して適切な栄養と食の支援を行い，災害時の栄養に関する緊急対応を行うことが重要である。

3）衛生管理を徹底する

個人の衛生管理では，おにぎり，パンなど，配給されたものは直接手で触らず袋ごと持ち，早めに食べ，食べ残しは破棄すること，消費・賞味期限を確認して喫食するよう徹底することが必要である。

施設などの調理従事者においては，災害時はライフラインの途絶により，衛生状況が悪くなっているので，平常時以上に衛生管理に注意が必要である。衛生管理上，手洗いの励行は重要で，そのための逆性石けんやアルコールなどの備蓄が必要となる。また，残飯などの廃棄物の処理についても事前に検討し，保管や処理の方法についても周知しておく必要がある。当然，排泄物についても同様である。

また，炊き出しなどを行う場合は，衛生的な取り扱いを徹底し，生ものを提供しないこと，提供直前に十分加熱すること，速やかな喫食をするよう勧めることも食中毒の予防となる。

特に，調理を有する場合の留意点として，次の点が挙げられる。

・食べ物に手で直接触れない（例：おにぎりは，ラップや使い捨て手袋使用）

・できる限り汚さない工夫をする（例：調理用ボウルや皿はラップを敷く）

表2-20　避難所における食事提供の評価・計画のための栄養の参照量

①エネルギーおよび主な栄養素について

目　的	エネルギー・栄養素	1歳以上，1人1日当たり
エネルギー摂取の過不足の回避	エネルギー	1,800～2,200kcal
栄養素の摂取不足の回避	たんぱく質 ビタミンB₁ ビタミンB₂ ビタミンC	55g以上 0.9mg以上 1.0mg以上 80mg以上

注）「日本人の食事摂取基準（2010年版）」で示されたエネルギーおよび各栄養素の値を基に，平成17年国勢調査結果で得られた性・年齢階級別の人口構成を用いて加重平均により算出。

②対象特性に応じて配慮が必要な栄養素について

目　的	栄養素	配慮事項
栄養素の摂取不足の回避	カルシウム	骨量が最も蓄積される思春期に十分な摂取量を確保する観点から，特に6～14歳においては，600mg/日を目安とし，牛乳・乳製品，豆類，緑黄色野菜，小魚など多様な食品の摂取に留意すること
	ビタミンA	欠乏による成長阻害や骨および神経系の発達抑制を回避する観点から，成長期の子ども，特に1～5歳においては，300μg RE/日を下回らないよう，主菜や副菜（緑黄色野菜）の摂取に留意すること
	鉄	月経がある場合には，十分な摂取に留意するとともに，特に貧血の既往があるなど個別の配慮を要する場合は，医師・管理栄養士などによる専門的評価を受けること
生活習慣病の一次予防	ナトリウム（食塩）※	高血圧の予防の観点から，成人においては，目標量（食塩相当量として，男性9.0g未満/日，女性7.5g未満/日）を参考に，過剰摂取を避けること

資料）厚生労働省健康局総務課生活習慣病対策室，2011，一部改変

※ 「日本人の食事摂取基準（2020年版）」では，成人の目標量として男性7.5g/日未満，女性6.5g/日未満，さらに「高血圧及び慢性腎臓病（CKD）の重症化予防のための食塩相当量は男女とも6.0g/日未満とする」となっている。

・加熱が必要な食品は，中まで十分に熱を通す

・使用した調理器具はできる限り洗浄し，清潔を保つ

　洗浄や殺菌の機材が不足化すること，大量調理に慣れていないスタッフで炊き出しをすること，食べる人自身の抵抗力が低下気味なことから，食中毒が発生しやすい状況にある。食事スタッフへは，以下の留意点を徹底させる必要がある。

・作業前の手洗い

・配給する食品の消費・賞味期限の確認

・食料品は冷暗所など，適切な温度管理のもとで保管

・下痢や嘔吐がある場合は，食事担当をしない

　詳細は，国立健康・栄養研究所「避難生活で生じる健康問題を予防するための栄養・食生活について」，2017（http://www.nibiohn.go.jp/eiken/info/pdf/eiyo_pro.pdf）を参照のこと。

4）適度な運動を行う

　避難生活が長期化すると，少なからず運動不足が生じる。これまで携わっていた家事全般（掃除・洗濯，調理等など），また，趣味（散歩・体操・庭の手入れ・畑仕事など），などの活動を行わなくなることで運動不足となり，その上，炭水化物や脂質中心の食事となり，栄養過剰や偏りが問題となる。つまり，避難生活を送ることで，肥満症の治療阻害因子である行動要因，環境要因が重なり，発症や生活不活発病への危険性が高くなる。

　具体的に，行動要因としては，運動場や公園に仮設住宅が建てられ，ゲートボールや散歩ができなくなる上，がれきの中では動くこともできず，運動不足となる。「こんな状態では，何年後かに生活習慣病になるので，しっかり運動しましょう」といっても，明日のことすらわからない中での動機づけはなかなかできない。

　環境要因としては，ライフスタイルの変容が大きい。例えば，仮設住宅の近くでは買い物をするところがなくなり，遠くのスーパーマーケットなどへ車で出かける機会が多くなる。車での買い物ができない人は，宅配などに頼らざるを得なくなり，体を動かす機会が少なくなる。

　また，社会活動の減少により，ICF 生活機能モデル（図 2-16）に示されるように環境要因などの悪化により心身機能が低下し，健康状態を害することとなり，フレイルの悪循環などに陥ってしまう。そのためにも，室内や屋外で身体を動かす機会を提供するなど，適度な運動が必要である。

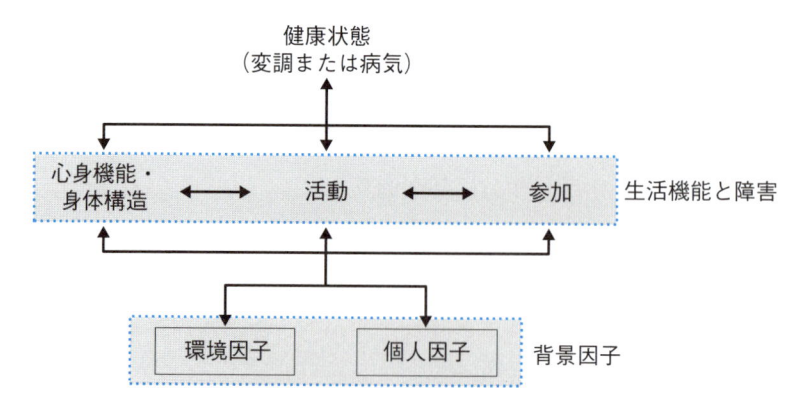

図 2-16　ICF 生活機能モデル
*ICF：International Classification of Functioning, Disability and Health，国際生活機能分類。
資料）WHO：国際生活機能分類—国際障害分類改定版—，2002

5 非常時の応用

　非常時の高齢者特有の食と栄養の留意点についてはこれまで述べてきたとおりであり，個々の身体状況や介護の状況に応じて対応すべきである。適切な栄養アセスメントを実施し，栄養上の問題に対応することが重要である。災害時に配布される食事が高齢者にとって摂取されやすいものとは限らない。また，提供されるものは食べ慣れない，硬い食品が多く，ペースト食や刻み食，特殊栄養食品の必要性もあるため，個別対応を優先する。

　特に高齢者は，消化吸収機能の低下，摂食・嚥下機能の低下，ストレスによる生体免疫機能低下，感染症への罹患，義歯の有無などの問題があり，栄養摂取が十分に確保できないこともある。水分補給，経腸栄養剤やとろみ剤，粥などの高齢者向けの軟らかい食事などを提供することによって，低栄養・栄養欠乏状態に陥ることを防止する必要がある。避難生活が長期化すると持病の悪化を生じたり，食欲低下に伴う摂取量の減少，低栄養，サルコペニア，活動度の減少などによりフレイル（虚弱）の悪循環となる。

　場合によっては，福祉避難所など適切な施設につなげることも考慮し，医療や福祉関係者と連携し，より適切な個別対応を図るべきである。

　個別対応を図る上で非常時における応用として知っておくべきことを，次に述べる。

1）栄養管理ツール（災害時のための栄養手帳）の活用

　災害時における栄養アセスメントは重要で，医療・介護関係者が要配慮者の疾病や栄養状態，食事内容などの把握ができ，必要な情報を共有し，適切な栄養・食生活支援ができるように備えておくことが必要である（図2-17）。

　病院・施設においては，入所者の栄養などの情報をすぐに取り出せるよう備えておく必

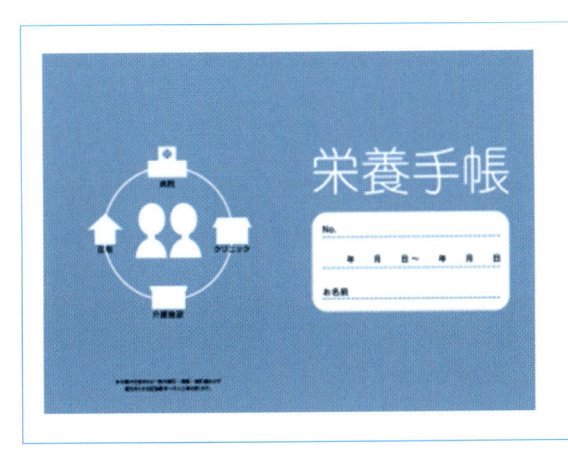

●食事について，療養者（要配慮者）または家族とのコミュニケーションツールである。
●手帳を見れば，療養者（要配慮者）の病態と食事形態の変遷が一度でわかる。
●療養者（要配慮者）が常に携帯するものである。
●栄養管理履歴を書面で確認できる。
●多職種と療養者（要配慮者）・家族が共通の概念をもち，情報を共有し，介護負担などを軽減することができる。

図2-17　栄養手帳
資料）田中弥生

要がある。電子カルテ化されている場合であっても，パソコンの損傷によりデータが取り出せない場合の対応を考えておく必要がある。

2）パッククッキングの活用

　災害時においては，高齢者などの個々の状況に応じた適切な食事が提供されることは困難である。それでは，高齢者もしくはその家族の協力のもと，高齢者の現在の状況に応じた食事を作るには，どうしたらよいのかを考える必要がある。

　硬いものが食べられない，嚥下障害があり，誤嚥のリスクがあるため食材や調理方法が限定される，加工食品や汁物が多いと塩分量が問題，ライフラインの途絶によりカセットコンロや最低限の電気しかない，そのようなとき，利用可能な調理方法がパッククッキングである。

　パッククッキングは，高密度ポリエチレン袋を使用し，食材と電気ポット程度で簡単に個別調理ができる。こういった調理方法を平常時から習得しておくことで，いざというときの実践に役立つ（図 2-18）。

レッツ！パッククッキング

「パッククッキング」って何？
食材をポリ袋に入れて電気ポットで加熱する調理法です。
しっかり手順を覚えれば，簡単に楽しく調理できます。

実際にやってみましょう：
※電気ポットは，容量に合わせて1/3の水を入れます（3Lの電気ポットなら水は1Lです）。
※ポリ袋は，高密度ポリエチレン製，食品包装用，無地でマチのないものを使います。
※1袋に入れる量は，1〜2人分を目安にします。
※ポリ袋に食材を入れ，中の空気をしっかり抜きます（①）。
※加熱すると袋が膨らむので，入り口のほうをしっかり結び，中の食材を均一に広げます（②③）。
※1台の電気ポットで3パックまでとします（3Lのポットでは食材600gまでが目安）。1パックから試しましょう。
※出し入れの際は，やけどに注意しましょう（④）。

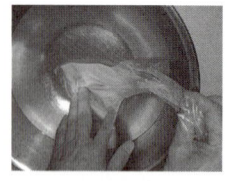 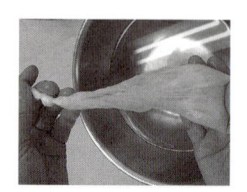  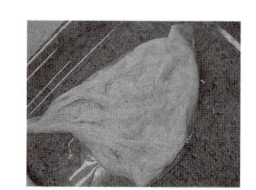

①水圧を利用する方法　②結び目は上のほうで　③熱を通りやすく広げて　④取り出しは穴あき
　がお勧め　　　　　　　　　　　　　　　　　　　　　　　　　　　お玉やトングで

図 2-18　パッククッキング

資料）地域栄養ケア PEACH 厚木

3）日本栄養士会災害支援チーム（JDA-DAT）の活用

　避難所や在宅における食や栄養の問題が生じたとき，困ったときには，誰かに助けを求めることが必要である。情報は，自ら発信しなければ誰もわからない。そこで助けを求める先が，栄養の専門職である管理栄養士・栄養士である。日本栄養士会では，東日本大震災の教訓を受けて，管理栄養士・栄養士を災害時に被災地に派遣し，栄養と食の支援活動を行うため，日本栄養士会災害支援チーム[※5]JDA-DAT を立ち上げ，これまでの様々な災害現場で活動している。

　これら JDA-DAT の活動は，避難所でのハイリスクアプローチとしての栄養アセスメントの実施や，栄養相談，在宅での避難生活者への情報・支援物資の提供などを主に行っている。被災地内の拠点に，介護食や食物アレルギー対応食，濃厚流動食（経腸栄養剤），とろみ剤などの特殊栄養食品を提供する「特殊栄養食品ステーション」を設置し，物資の調達から仕分け，配送など，要配慮者への個別対応を積極的に実施している。

[※5]　日本栄養士会災害支援チーム：東日本大震災の経験から，「災害発生地域において栄養に関する支援活動ができる専門的トレーニングを受けた栄養支援チーム」として日本栄養士会によって設置された。The **J**apan **D**ietetic **A**ssociation-**D**isaster **A**ssistance **T**eam の頭文字を取り，JDA-DAT（ジェイディエイ–ダット）と呼ばれる。災害支援管理栄養士など 2～3 名と，被災地管理栄養士など 1 名で構成される。国内外で大規模災害が発生した地域において，避難所，施設，自宅，仮設住宅などで被災者（特に要配慮者）に対する栄養に関する支援活動を行う専門的なトレーニングを受けた栄養支援チーム。

資料

資料１　塩分・糖分の目安

●塩分１ｇの目安

調味料・バター・ソース	目安量	重量(g)	食品	目安量	重量(g)
濃口しょうゆ	小さじ１強	6	きゅうりぬか漬け	3切れ	19
赤色辛みそ	大さじ1/2弱	8	たくあん	半月４切れ	23
甘みそ	大さじ１弱	17	大根みそ漬け	2切れ	9
豆みそ	大さじ1/2	9	なすぬか漬け	5切れ	40
中濃ソース	大さじ１弱	17	野沢菜漬け	小鉢1/2杯	40
トマトケチャップ	大さじ1.5強	30	白菜漬け	小鉢1/2杯	45
バター	1/4箱	50	福神漬け	小皿１杯	20
フレンチドレッシング	大さじ２強	33	梅干し	1粒	5
マヨネーズ	大さじ３強～４弱	45～55	食パン	6枚切り1.3枚	79

●砂糖とみりん

	目安量	重量(g)			目安量	重量(g)
砂　糖	小さじ１	3	⟺	みりん	小さじ１	6
	大さじ１	9			大さじ１	18

注）調味のとき，砂糖をみりんにする場合は約３倍に，みりんを砂糖にする場合は約1/3重量にする。

●塩分・糖分の１％

(100mL 当たり)

塩分１％	目安量	重量(g)	容量比	糖分１％	目安量	重量(g)	容量比
食　塩	小さじ1/6	1	1	砂　糖	小さじ1/3	1	1
しょうゆ	小さじ１	6	6	みりん	小さじ1/3強	2.3	1
み　そ	小さじ1/2弱	8	9				

●塩分・糖分の調味％

	料理名	塩分(%)	糖分(%)		料理名	塩分(%)	糖分(%)
主食	炊き込みご飯	0.5～0.8		煮物	魚煮付け	2.0～2.5	1.0～3.0
汁物	スープ	0.5～0.6			野菜煮びたし	1.2	1.0
	具の少ない汁	0.8			かぼちゃ甘煮	0.6	1.0
	具だくさん汁	1.0			にんじんグラッセ	0.5	1.5～2.0
焼き物	ハンバーグ	0.6～0.8		その他	野菜炒め	1.0～1.3	
	魚ムニエル	0.8～1.0			おひたし	1.0	
	豚肉しょうが焼き	1.3～2.0	1.1～1.3		サラダ	0.5	
	鶏肉照り焼き	1.3			野菜即席漬け	1.0～2.0	

●即席だしの塩分濃度と量

だしの種類			塩分(%)	塩分量(g)	目安量
和風	かつお風味だしの素	顆粒	42.0	1.3	小さじ1
	いりこ風味だしの素	顆粒	42.0	1.3	小さじ1
	かつおだし	液状	13.7	0.7	小さじ1
中国風	中華あじ	顆粒	44.0	1.8	小さじ1
	鶏がらスープ	顆粒	38.9	1.6	小さじ1
洋風	コンソメ	顆粒	42.0	1.7	小さじ1
	チキンコンソメ	固形	38.1	2.7	1個
	ブイヨン	固形	58.5	2.3	1個

資料2　米・ゼリーの調理

●米の水加減

種　類	米：水 (容量比)	でき上がり容量		でき上がり重量	
		倍　率	カップ	倍　率	g
普通ご飯	1：1.2	2.3	2と1/3	2.4	385
全　粥	1：5	4	4	5	800
七分粥	1：7	5.6	5と3/5	7	1,120
五分粥	1：10	8	8	10	1,600

●ゼリー濃度

種　類		濃度(%)	ゲル化温度(℃)	備　考
植物系	粉寒天	0.5〜0.8	28〜35	歯切れがよく，凝固力が安定している 冷蔵庫に入れなくても固まる
	介護用寒天	0.3〜1.0	40前後	
	カラギーナン	1.5〜3.0	35〜45	硬くてもろいゲル，強固なゲル，乳にも安定した増粘性を形成するなど，構造の違いによって様々な性質を示す
動物系	ゼラチン	1.5〜3.0	5〜12	口溶けはよい 冷蔵庫に入れないと固まらない 25℃で崩れるので，夏場は要注意

索　引

URL http://www.daiichi-shuppan.co.jp

上記の弊社ホームページにアクセスしてください。

＊訂正・正誤等の追加情報をご覧いただけます。
＊書籍の内容，お気づきの点，出版案内等に関するお問い合わせは，
　「ご意見・お問い合わせ」専用フォームよりご送信ください。
＊書籍のご注文も承ります。
＊書籍のデザイン，価格等は，予告なく変更される場合がございま
　す。ご了承ください。

食べることへの支援 -実践情報編-
住み慣れた地域で自立した生活を送るために

令和元（2019）年7月1日　　　　　初 版 第 1 刷 発 行

編著者	田中　弥生	
	手塚　順子	
発行者	栗田　茂	
発行所	第一出版株式会社	
	〒102-0073　東京都千代田区九段北2-3-1　増田ビル1階	
	電話 (03)5226-0999　　FAX (03)5226-0906	
印刷・製本	大日本法令印刷	

※ 著者の了解により検印は省略
定価は表紙に表示してあります。乱丁・落丁本は，お取替えいたします。

ISBN978-4-8041-1399-9　C1077